Escribir y Leer

Materiales curriculares para la enseñanza
y el aprendizaje del lenguaje escrito,
de tres a ocho años

I

De cómo los niños aprenden a escribir y a leer

Redacción:
Lluís Maruny Curto
Maribel Ministral Morillo
Manuel Miralles Teixidó

Grupo de trabajo:
Josep Calm Masó
Dolors Corominas Causa
Lluís Espuña Danés
Narcís Font Costa
M.ª Teresa Gómez Masdevall

Asesoras:

Ana Teberosky
Teresa Mauri
(Profesoras del Departamento
de Psicología Evolutiva y de la
Educación. Universidad de Barcelona)

Inés Miret
Adela Moyano
(Asesoras de la Dirección General
de Renovación Pedagógica. MEC)

Ministerio de Educación y Ciencia

EDELVIVES

ESTOS MATERIALES CURRICULARES SON UNA OBRA CORAL,
EN LA QUE HAN PARTICIPADO:

COMO EXPERIMENTADORES:
Los profesores de Educación Especial y de Apoyo, de las comarcas del Baix Empordà, la Selva y Gironès, así como los profesores de los niveles de 3 a 8 años de las escuelas:

C.P. Doctor Carulla (Arbúcies) • C.P. Baldiri Reixach (Banyoles) • C.P. Doctor Arruga (Begur)
C.P. Carles Faust (Blanes) • C.P. Bordils (Bordils) • C.P. Pere Rosselló (Calonge)
C.P. L'Aixart (Cervià de Ter) • Escola Annexa (Girona) • C.P. Montfalgars (Girona)
C.P. Sant Gregori (Girona) • C.P. Taialà (Girona) • C.P. Vilarroja (Girona)
C.P. Verge dels Dolors (Hostalrich) • C.P. Portitxol (L'Estartit) • C.P. Pompeu Fabra (Lloret)
C.P. Torres Jonama (Mont-ràs) • C.P. Sant Pere Màrtir (Olot) • Escola Petit Plançó (Olot)
C.P. Sant Roc (Olot) • C.P. Torres Jonama (Palafrugell) • C.P. Els Estanys (Platja d'Aro)
C.P. Santa Cristina d'Aro • C.P. Educación Especial Els Àngels (Palamós)
C.P. Ntra. Sra. de la Mercè (Sant Antoni de Calonge) • C.P. Baldiri Reixach (Sant Feliu de Guíxols)
C.P. Guilleries (Sant Hilari Sacalm) • C.P. Agustí Xifre (Sant Gregori) • C.P. Montserrat (Sarrià de Ter)

Agradecemos la ayuda de la Escola Casas (Ayuntamiento de Barcelona), pionera.

COMO APRENDICES DE ESCRITOR Y DE LECTOR:
Gemma, Martí, Mònica, Joan, Robert, Carmen, Glòria, Gerard, Lorena, Josep, Pilar, Alba, Jordi, M.ª Dolors, Imma, Verònica, Fèlix, Josep Manel, Laia, Pau, Anna, Xavier, Xènia, Paula, Carla, Natàlia, Ester, Marta, Dani, Marina, Elisabet, Mireia, Toni, Marc, Fàtima… y muchos más.

CORRECCIÓN DEL TEXTO:
Félix Casellas Casademont

COEDITAN:
Centro de Publicaciones del MEC y EDELVIVES

NIPO:
176-95-004-2

I.S.B.N.: OBRA COMPLETA
84-263-3207-2

I.S.B.N.: TOMO I:
84-263-3208-0

DEPÓSITO LEGAL:
Z. 1809-01

IMPRIME:
EDELVIVES

Talleres Gráficos Certificados ISO 9002

PARA ANA TEBEROSKY

(...) Una vez que aprendió a leer (...) se distraía de la historia, embriagado, casi al borde de las lágrimas, por la belleza del alfabeto, con sus sutiles y ricas formas y sonidos: embelesado y perplejo por la amplitud compleja de una *a*, el zumbido seco, leñoso, de la *r*, la caprichosa *E* mayúscula, parecida a un rastrillo; la *q* como un renacuajo que nadaba en la infancia salina y húmeda de la evolución; la *b* con sus bravatas y brusquedades; la *H* mayúscula, con sus pilares anchos y eclesiásticos, saltarina en apariencia pero muy dudosa en sonido, una exhalación tibia, silenciosa como el aliento de Dios en el rostro de Adán, como el bufido de un caballo, *h* de hondo, de hirviente, de hecatombe. (...)

(Fernanda Eberstadt,
Los demonios de Isaac,
EMECÉ, Barcelona, 1993)

Volumen I

De cómo los niños aprenden a escribir y a leer

Intencionalidad del volumen:

Mostrar las ideas fundamentales del proceso de construcción de la escritura y la lectura en los niños y sentar las bases de una propuesta constructivista de la enseñanza del lenguaje escrito.

1.ª Parte: LO QUE SABEN LOS NIÑOS

1. Ideas infantiles acerca de la escritura.
2. Ideas infantiles acerca de la lectura.
3. Ideas infantiles acerca de los textos.

2.ª Parte: ENSEÑAR A ESCRIBIR Y A LEER

4. La tarea de la escuela.
5. Ideas de la escuela acerca del lenguaje escrito.
6. Por un aprendizaje significativo del lenguaje escrito.
7. Educar en la diversidad.
8. Motivación: escribir y leer tiene sentido.
9. Interacción: el trabajo cooperativo.
10. La tarea del profesor: enseñar a escribir y a leer.

Volumen II

De cómo enseñar a escribir y a leer

Intencionalidad del volumen:

Desarrollar el modelo de enseñanza significativa del lenguaje escrito.

- Qué contenidos, cuándo y cómo enseñarlos.
- Qué, cuándo y cómo evaluar.

1.ª Parte: CONTENIDOS CURRICULARES Y SECUENCIACIÓN

11. Organización de los contenidos
12. Criterios para la secuenciación.

2.ª Parte: ORIENTACIONES DIDÁCTICAS

Introducción

13. Relaciones entre el lenguaje oral y el lenguaje escrito.
14. El sistema alfabético.
15. La escritura como producción de textos.
16. La lectura como interpretación y comprensión de textos.
17. Los textos como unidad básica del lenguaje escrito.
18. Análisis y reflexión sobre la propia Lengua.
19. Sistemas de comunicación verbal y no verbal.

- Contenidos curriculares.
- Desarrollo de los contenidos.
- Propuesta de tipos de actividad.
- Aspectos para observar en cada tipo de actividad.
- Muestras de actividades.

3.ª Parte: LA EVALUACIÓN

Introducción

20. Evaluación inicial de los niveles de construcción del sistema alfabético.
21. La evaluación del aprendizaje de los alumnos.
22. La evaluación del proceso de enseñanza.

Volumen III

Actividades y recursos para el aula

Intencionalidad del volumen:

Aportar actividades y pautas de evaluación, útiles para que el profesor desarrolle su tarea en el aula. Aportar sugerencias para la realización de proyectos como modo de organización de las actividades. Aportar referencias bibliográficas.

ACTIVIDADES Y RECURSOS PARA EL AULA

Índice

Introducción

QUIÉNES SOMOS Y DE DÓNDE VENIMOS

Hemos escrito estos Materiales Curriculares un grupo de psicólogos y pedagogos de los Equipos de Orientación y Asesoramiento Psicopedagógico (E.A.P.), de la Generalitat de Catalunya, en las comarcas de Girona, entre el Pirineo y el Mediterráneo.

En realidad, son los maestros de nuestras escuelas quienes los han elaborado, pero a ellos les basta con enseñar a escribir y a leer... y les resulta más difícil escribir sobre su propio trabajo. De modo que nos han encargado a nosotros hacerlo. Al fin y al cabo, les hemos estado acompañando en el aprendizaje de cómo enseñar lenguaje escrito y siempre les damos la murga de que hay que leer y escribir acerca del lenguaje escrito en la escuela.

Leer y escribir son instrumentos muy poderosos e importantes que se enseñan en la escuela. Son, también, muy complejos, a juzgar por las dificultades que aparecen. Y lo nuestro son las dificultades. En las clases y en las aulas de apoyo. Así que llevamos algunos años —como diez— dándole vueltas al tema.

La introducción del catalán en nuestras escuelas llevó a renovar a fondo los métodos tradicionales de enseñanza de la lectura y de la escritura. Al crearse nuestras plazas de trabajo, se habían introducido en las escuelas, métodos fonéticos, enseñanza de los requisitos previos, énfasis en la psicomotricidad, etc. Aunque la verdad es que teníamos dudas sobre esta concepción, nos pusimos a trabajar con ella. Pero, pronto, las dudas se nos hicieron más importantes, especialmente en contacto con los alumnos que no conseguían aprender a leer y a escribir: nuestros predilectos.

Lo que veíamos era que algunos niños tardaban muchísimo en conseguir lo que se llamaba «madurez» para el aprendizaje del lenguaje escrito. Entretanto, debían repetir hasta la saciedad ejercicios psicomotrices en los que no se veía ninguna palabra. Si nos aventurábamos a iniciar la enseñanza de las letras, seguían tardando muchísimo en aprender la [p], la [l], la [m]... de modo que podían pasar meses, trimestres e incluso cursos enteros con ellas.

Lo que más nos preocupaba era el bloqueo. Nuestros platerillos se empeñaban en decir «no sé» ante cualquier propuesta de trabajo con palabras, y no había quien les sacara de esa convicción. Total, que nos desesperábamos.

A nosotros nos dio por empezar a preguntar, por ahí, si no habría otras formas de plantearse la lectura y la escritura con niños pequeños. Y alguien nos habló de Ana Teberosky. Junto a Emilia Ferreiro habían publicado hacía poco (1979), los resultados de su investigación. Ana estaba en Barcelona, de forma que nos pusimos en contacto con ella.

Se les habían ocurrido unas preguntas fantásticas: ¿cómo aprenden los niños a leer y a escribir, al margen de lo que la escuela les enseña? ¿Cuál es el pensamiento infantil —ideas, teorías, hipótesis— acerca de lo que es escribir y leer?

Y resultó que era cierto. Comprobaron que todos los niños elaboran teorías propias —que parecen ser universales— sobre el lenguaje escrito. Y, además, que tales teorías tienen poco que ver con las formas escolares de enseñar a leer y a escribir. Deslumbrante.

Lo primero que hicimos fue comprobar que, efectivamente, nuestros niños también compartían estas hipótesis. No sólo eso: en realidad pensaban seriamente, argumentaban y se peleaban por sus ideas. Y si les hacíamos caso, al discutirlas, ¡aprendían a leer y a escribir! ¡Y podían escribir cualquier cosa, incluso desde muy pequeños, si conseguías entenderlos! ¡Y ya no decían «no sé»! Y se les veía contentísimos, motivados. Y de repente, podíamos comprender claramente lo que estaba sucediendo en cada alumno.

Una revolución. Además, Ana Teberosky no sólo había investigado la génesis del pensamiento infantil acerca del lenguaje escrito. También estaba trabajando —en la escuela Casas del Ayuntamiento de Barcelona— acerca de cómo enseñar a escribir a los niños a partir de sus teorías. Porque, por supuesto, los niños no aprenden solos el lenguaje escrito.

Pusimos manos a la obra. Primero, en las aulas de apoyo. Nos funcionó tan bien, que, enseguida, muchos maestros empezaron a trabajar así con todos los alumnos. Los resultados fueron muy satisfactorios.

Partir de las ideas y el pensamiento infantiles era sólo el inicio de un camino. Nos llevaba a cuestionar el papel de la escuela y del maestro, las ideas previas que teníamos sobre lo que es aprender y enseñar, sobre lo que es leer y escribir, sobre lo que es el lenguaje y la cultura escrita que la escuela debe enseñar a los niños. Sobre la organización del aula, de las actividades, la interacción, el respeto a la diversidad, la evaluación y la organización del currículum de lenguaje escrito. Esa fue nuestra forma de acercarnos al constructivismo.

Elaborar estos Materiales nos ha ayudado a avanzar en nuestra reflexión, pero no la terminan. Cada uno de los profesores que se anime a trabajar en esta dirección, irá recreándolos y aportando novedades. Lo que ofrecemos es compartir este proceso de aprendizaje que, a partir de los niños, estamos haciendo nosotros.

El diseño curricular, los procedimientos, los materiales de Reforma Educativa, vinieron después y no nos cogieron desprevenidos: nos ayudaron a aclarar nuestras ideas, formalizarlas e introducir nuevos aspectos y nuevas reflexiones.

Cada escuela, cada profesor, cada asesor, deben, asimismo, (re)construir sus ideas acerca de la enseñanza del lenguaje escrito. Ese es, también, un proceso personal y colectivo que se va haciendo en la reflexión crítica sobre la propia tarea. Estos Materiales se justificarán si animan a emprender este camino a escuelas y profesores.

NUESTRA CONCEPCIÓN DE LA TAREA DE ASESORAMIENTO

Más de uno se sorprenderá por el hecho de que los autores seamos miembros de equipos psicopedagógicos. No es éste el lugar para discutirlo, pero quizás sea necesario justificar por qué decidimos proponer a los profesores, el aprendizaje conjunto de una nueva forma de proceder en la enseñanza de la escritura y de la lectura para todos los alumnos.

1. En nuestra opinión, el asesoramiento psicopedagógico se requiere en todo el sistema educativo y en todos los centros escolares, no sólo en un aspecto o sector de población escolar.

2. La atención educativa a los alumnos con dificultades de aprendizaje se debe dar, de modo preferente y muy especial, en el seno del aula ordinaria, en la que los alumnos están escolarizados, al margen de que, complementariamente, asistan, o no, a sesiones en grupos de apoyo educativo.

3. Atender a los alumnos en el aula, en un modelo de educación en la diversidad, significa experimentar y promover nuevos modos de proceder en la enseñanza ordinaria. Estos nuevos modelos educativos están en proceso de construcción colectiva en las escuelas y los equipos psicopedagógicos pueden —si no deben— ayudar en este proceso en un aprendizaje compartido con los profesores.

4. Este aprendizaje conjunto, en nuestra opinión, debe darse en todos los niveles educativos y en todas las áreas disciplinares, pero se comprende fácilmen-

te que hayamos empezado por el lenguaje escrito en los primeros niveles de la escolaridad, por su relevancia cognitiva y por el carácter preventivo y fundamentador de la mayoría de aprendizajes posteriores.

¿Cómo trabajamos en el papel de asesores? Dado que pueden darse distintos tipos de asesores en la escuela, conviene que describamos —brevemente— nuestra forma de proceder. En primer lugar, proponemos y justificamos, a la escuela y a los profesores de Educación Infantil y Ciclo Inicial, especialmente, nuestra propuesta de enseñanza constructivista del lenguaje escrito. En segundo lugar, si los profesores están de acuerdo, establecemos conjuntamente una propuesta de trabajo: nosotros aportaremos algunos materiales teóricos, observaremos —implicándonos activamente— sesiones de enseñanza y aprendizaje del lenguaje escrito en el aula, a continuación nos reuniremos con todos los profesores del Ciclo para comentar y analizar conjuntamente la sesión observada y las aportaciones y experiencias de otros profesores. Finalmente, se diseñarán conjuntamente nuevas actividades y propuestas para el aula, que serán analizadas y revisadas, con posterior diseño de nuevas tareas, etc.

Así es como trabajamos nosotros. Por supuesto, hay otras formas posibles de asesorar. Y puede haber, además, otros tipos de asesores curriculares que no sean de equipos psicopedagógicos. Lo que nos parece fundamental es que se establezca y respete un espacio de reflexión colectiva en la escuela acerca de la tarea pedagógica. La presencia de un asesor, junto a los profesores, puede que no sea imprescindible, pero, sin duda, ayuda a mantener y aprovechar este espacio de reflexión colectiva.

¿MÉTODOS? NO, GRACIAS

Desde el mismo inicio histórico de la escritura, hay enseñanza de la escritura. Cinco mil años después, la escuela sigue siendo escenario de grandes batallas —relativamente incruentas— acerca de cuál es el mejor método para enseñar a leer y a escribir.

En plan sencillo y rápido, en nuestras escuelas sigue habiendo métodos globales, que parten de la palabra entera; métodos silábicos y métodos fonéticos. Dentro de cada una de esas familias, abundan vástagos de todo tipo: apoyos visuales, gestuales, musicales, motrices, pre-requisitos, etc.

Todos los métodos para enseñar a leer y a escribir tienen en común una serie de conceptos básicos que se refieren tanto a concepciones de lo que es el lenguaje escrito, como a concepciones de lo que es enseñar y aprender. Por ejemplo:

1. Los niños aprenden pasito a pasito: de lo más sencillo a lo más complejo, de forma secuencial y acumulativa. Hoy una letra (o sílaba, o palabra), mañana otra.

2. Por supuesto, al empezar la enseñanza, los niños no saben nada y hay que enseñárselo todo.

3. Primero leer (reconocer) y luego escribir.

4. No se puede aspirar a comprender lo escrito sin dominar la clave de descifrado. No se pueden construir textos sin dominar el código de transcripción de nuestro sistema alfabético.

5. La escritura es una y sólo una (al menos para nosotros), y no se puede inventar sino reproducir.

... Y muchas más ideas que no se trata aquí de pormenorizar.

Sobre estas bases comunes, la querella de los métodos se refiere a distintas interpretaciones —en el apartado 1— acerca de qué es lo más simple en lenguaje escrito y, por tanto, por dónde debemos empezar la enseñanza. Unos defienden que la mínima unidad escrita que tiene significado es la palabra o la frase (globales). Otros argumentan que la unidad básica es el sonido perceptible (la sílaba); otros, finalmente, sostienen que la unidad básica en un sistema alfabético es el fonema, que da pie a la representación de cada letra (fonéticos).

Lo sentimos mucho, pero nosotros *no compartimos ninguna de estas ideas,* ni creemos que se trate de buscar el método «bueno», para enseñar a leer y a escribir.

Los Materiales que presentamos son un poco raros. En realidad *esto no es un método* nuevo para enseñar a leer y a escribir. Si fuera un método, constaría de una serie de actividades progresivas, pensadas para cada uno de los niveles entre 3 y 8 años de edad de los alumnos. Y no es así, por supuesto: ya lo habréis visto al darles una ojeada.

Estos Materiales se basan en las ideas siguientes:

1. Los niños, en contacto con el lenguaje escrito de su medio ambiente, elaboran ideas en su intento de atribuir significado a la escritura. Estas ideas cambian, en contacto con la enseñanza, por reconocimiento, inferencia o reconstrucción de la información que se les aporta. No es un proceso aditivo, paso a paso, sino un proceso complejo de estructuración y reconstrucción de teorías. Se trata, en parte, de reproducir, y, en parte, de reconstruir el lenguaje escrito de la comunidad.

2. Para el aprendizaje, tan importantes como las ideas de los niños, son las ideas de la escuela y de los profesores acerca de la enseñanza y de lo que es leer y escribir. El papel del profesor no es el de emitir un mensaje a un alumno pasivo, sino el de acompañarle en su esfuerzo y proceso de aprendizaje.

3. Proponemos empezar por escribir, porque en el *escribir* se ponen en juego una serie de conocimientos sobre el sistema de escritura, sobre el lenguaje y

sobre la relación entre ambos, que le permiten al niño, ya desde muy temprana edad, avanzar en el desarrollo de sus conocimientos. Las relaciones entre escribir, leer y el lenguaje escrito, son muy complejas. Al escribir, sin embargo, la actividad del aprendiz incluye la reflexión sobre el lenguaje escrito, el proceso de escritura y, además, la lectura de lo que él mismo escribe.

4. Se puede escribir y leer *textos*, aun antes de dominar el código alfabético. Los textos constituyen la unidad comunicativa básica. El lenguaje escrito se vincula así, desde el inicio, a su función fundamental: comunicar.

5. Los niños aprenden a base de construir distintas ideas sobre la escritura, cada vez más ajustadas, en un proceso que termina, finalmente, coincidiendo con nuestro sistema alfabético actual.

6. Además de las características del sistema alfabético, los niños aprenden las características propias del lenguaje escrito que se usa en distintas situaciones, con distintas finalidades y en distintos tipos de textos, así como los procedimientos que llevan a la comprensión y producción de textos y las actitudes que les estimulan a mejorar en su aprendizaje de la cultura escrita.

OBJETIVOS Y GUÍA DE USO DE ESTOS MATERIALES

Estos Materiales se articulan en tres volúmenes, relativamente independientes.

En el primer volumen, nos hemos propuesto tres objetivos principales:

1. Mostrar lo que los niños saben y piensan acerca de la lectura, de la escritura y del lenguaje escrito, de modo que el profesor pueda interpretar lo que producen y, a partir de ahí, pueda interrogarse sobre el aprendizaje y la enseñanza del lenguaje escrito.

2. Mostrar la necesidad e importancia de la enseñanza escolar y la necesidad de renovar en profundidad las concepciones tradicionales acerca de su papel educativo.

3. Presentar las ideas principales —bases psicopedagógicas— que debe tener en cuenta un profesor que decida enseñar a leer y a escribir, partiendo de lo que los niños piensan y saben hacer y de lo que debe ser enseñado en la escuela.

Tras esta aproximación al tema, el segundo volumen pretende aportar ideas y experiencias pedagógicas que fundamentan nuestra propuesta de enseñanza del lenguaje escrito.

1. ¿Qué es lo que la escuela debe enseñar, con relación al lenguaje escrito, a los alumnos de edades comprendidas entre los tres y los ocho años? (Contenidos curriculares y secuenciación.)

2. ¿Cómo enseñar en la escuela estos contenidos? ¿Qué tipo de actividades resultan más adecuadas para aprenderlos? Ésta será la segunda parte del volumen.

3. Por último, ¿qué, cómo y cuándo evaluar? La evaluación inicial, criterios para evaluar la actividad de los alumnos y cómo evaluar la propia actividad de la clase. Lo encontraréis en la 3.ª parte.

En el tercer volumen, por último, aportamos recursos concretos y propuestas directamente útiles en el aula para trabajar en esta perspectiva. Se trata de una colección de actividades agrupadas por tipos de texto.

Si queremos trabajar con el pensamiento de los niños y hacerles aprender, de modo significativo, a tener ideas y procedimientos de trabajo avanzados, es imprescindible que los profesores pensemos y profundicemos nuestras ideas. Sin embargo, el profesor necesita instrumentos y procedimientos de trabajo muy concretos y aplicables ya a la realidad.

Conseguir equilibrio entre las ideas generales —imprescindibles— y los materiales directamente útiles en el aula, ha sido nuestro mayor empeño pero, también, lo más difícil. Un libro teórico sobre lenguaje escrito o una gran colección de actividades interesantes nos hubieran sido más fáciles, pero no era nuestro objetivo. Lo que nos proponemos es que muchas escuelas y muchos profesores decidan ponerse a ensayar, discutir, analizar, evaluar y volver a ensayar, propuestas para trabajar reflexivamente a partir del pensamiento infantil.

Nota acerca de la transcripción de textos escritos por alumnos

1. Las muestras de escritura incluidas en estos materiales, así como la transcripción de secuencias de aprendizaje, son reales. Corresponden a situaciones educativas en el aula, de niñas y niños de edades comprendidas entre tres y ocho años. Algunos de sus nombres y los de las escuelas en que se realizaron las actividades figuran en los títulos de crédito de los Materiales. Fueron obtenidas a lo largo de varios cursos, entre 1986 y 1993.

2. Se ha conservado la versión original sin cambio alguno.

3. En la transcripción al catalán, para facilitar su lectura y la comparación ortográfica, se introduce la ortografía correcta de las palabras, excepto cuando se quieren destacar las letras utilizadas por el alumno. En cada caso se explicita si la transcripción está corregida o, en caso contrario, es directa del original.

4. La traducción al castellano se ha hecho intentando conservar la máxima literalidad. En general se han traducido todas las producciones de los niños, excepto aquellas que, por su extensión, no lo permiten (revistas escolares, por

ejemplo) o, en algún caso, cuando el contenido no era relevante. Tampoco se han traducido textos extraídos de los periódicos o de otros materiales no producidos por los alumnos.

5. La escritura se ha realizado con las siguientes condiciones materiales: habitualmente en lápiz o rotulador. Ocasionalmente, en niños mayores, con bolígrafo. El soporte material es, habitualmente, papel, pero se ha usado cartulina en carteles, murales, portadas de libros y cuentos, etc. El tamaño de la hoja —habitualmente DIN A4— puede haber sido modificado para asemejarse más al formato de textos sociales (carteles en DIN A3; cuentos en formato de libro; cartulinas en tamaño de ficha de consulta; etc.). La hoja puede ser en blanco, disponiendo el alumno de libertad para organizar el espacio o bien puede incluir dibujos, ilustraciones, pautas, etc. Aunque cada profesor tiene criterios propios, se tiende a rehuir la actividad con formato y presentación del tipo «ficha escolar» y, en cambio, se estimula la utilización de formatos, materiales, y modelos semejantes a los textos de uso en la vida social.

1ª PARTE

Lo que saben los niños

Capítulo 1

Ideas infantiles acerca de la escritura

Emilia Ferreiro y Ana Teberosky (1979) se dedicaron a investigar el pensamiento infantil acerca de la lectura y de la escritura (también Ferreiro y Gómez Palacio, 1982). Por supuesto tenían muchas y buenas ideas previas sobre el tema. Para situarnos rápidamente, veamos tan sólo dos de ellas:

1. El niño no se enfrenta al lenguaje escrito el primer día de escuela. En la realidad en que se mueve —en algunos más, en otros menos—, hay, de todos modos, mucha escritura. ¿Qué ideas puede tener acerca de eso?

2. Siempre evaluamos acerca de lo que el niño sabe respecto del lenguaje que se le enseña en la escuela. ¿Por qué no evaluar lo que el niño sabe acerca de la escritura, con independencia de lo que la escuela enseña?

Para ello se situaron en una perspectiva genética, evolutiva, considerando, además, lo que se sabe sobre el pensamiento infantil, la psicología de la educación, la linguística y la psicolingüística, etc.

En su investigación, descubrieron el proceso a través del cual, los niños construyen su propio sistema de escritura y de lectura. Y ese proceso es universal en lo que se refiere a escrituras alfabéticas como las nuestras, con independencia de los métodos escolares que se usen o, incluso, antes de la enseñanza escolar.

Esta investigación cuestionaba en profundidad los métodos escolares tradicionales y llevó a nuevas preguntas acerca de cómo enseñar el lenguaje escrito en la escuela, a las que intentaremos aportar respuestas en la segunda parte y a lo largo de estos Materiales.

El proceso de aprendizaje de la escritura es el siguiente:

ESCRIBIR NO ES LO MISMO QUE DIBUJAR

El mundo que rodea al niño es, también, un mundo gráfico. Ven objetos reales y, además, representaciones y signos diversos.

La primera diferenciación que establecerán se refiere a distinguir entre los dibujos, por una parte, y otros signos como letras, números, grafías diversas, etc. En realidad, la mayoría de los niños, al llegar a la escuela, ya han establecido la diferencia entre dibujar y escribir, pero no todos.

Escritura de una lista de animales (Gemma, 3 años)

GRAFISMOS PRIMITIVOS:
Garabatos, pseudo-letras

Los primeros intentos infantiles al escribir producen unos signos que ya no son dibujos... pero tampoco letras convencionales. Son grafías que intentan parecerse a las letras, con mayor o menor fortuna:

Escrituras de listas de palabras (Martí, Mònica, Joan i Robert, 3 y 4 años)

DIFERENCIAS ENTRE LETRAS Y NÚMEROS

El niño advertirá pronto que hay dos clases de signos gráficos, además de los dibujos: letras y números. Al principio, los usan indistintamente:

Escritura de una lista de juguetes (Carmen, 4 años)

A estas alturas, el niño ya sabe que para escribir se requieren unos signos determinados, que no son dibujos ni números. Acerca de estos signos, puede tener determinadas ideas adicionales. Estas ideas pueden referirse a la forma de las letras —más o menos convencionales—, a la alineación horizontal de lo que se escribe o bien a la orientación izquierda / derecha. Estos aspectos convencionales de la escritura se van adquiriendo al escribir, de forma paralela al aprendizaje de las leyes de la escritura. Son conocimientos que se aprenden al escribir.

ESCRITURAS SIN CONTROL DE CANTIDAD

Una vez que ya saben que para escribir se usan unos signos especiales, se plantea el problema de cómo pueden escribirse distintas cosas. En algunos niños —no en todos— aparece un momento evolutivo, en el que las escrituras ocupan toda la anchura de la página:

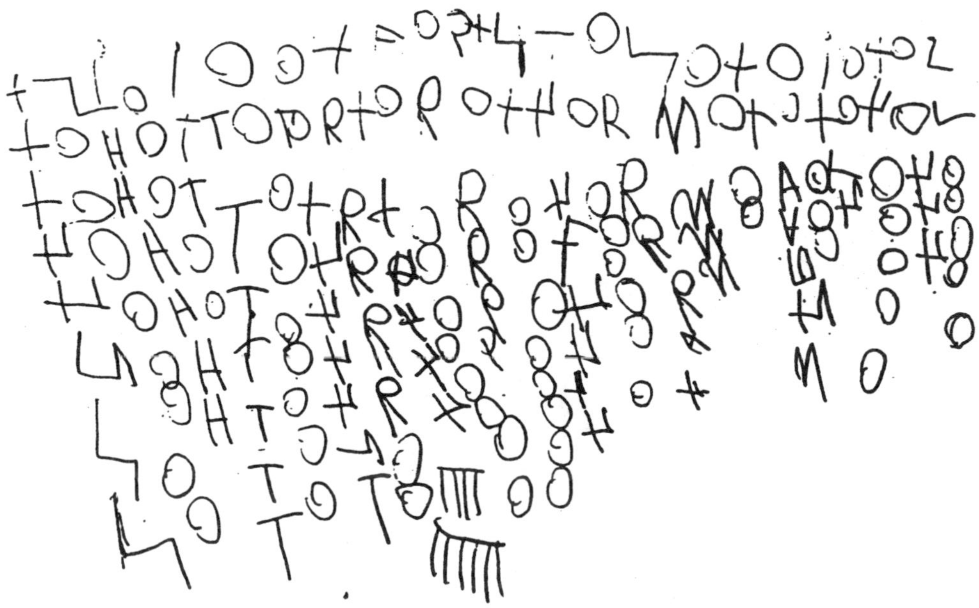

Escritura de los nombres de los personajes de un cuento (Glòria, 4 años)

O bien, por el contrario, basta con poner una sola letra por palabra, aunque, en ocasiones, la furia escritora les lleve a llenar la línea:

Escritura de listas de nombres (Eduard, 4 años)

ESCRITURAS FIJAS

Con este bagaje, el niño ya puede escribir cualquier cosa: es decir, representar mediante signos específicos los nombres de las cosas, de las personas, etc. Se trata de una auténtica escritura, con leyes personales, no comunicable, si no es con ayuda de la palabra. Pero es que nuestra escritura tampoco es comunicativa para ellos: escribimos unos signos incomprensibles para él, pero que adquieren significado al leérselos: «aquí dice...» y les maravilla ver que esos garabatos nuestros tienen un significado. No se cansan de pedirnos: «¿qué dice aquí?»

En estos primeros intentos de escritura, puede que aún no haya percibido la diferenciación que los adultos hacemos entre las palabras: escriben el mismo conjunto de signos para cualquier cosa:

Escritura de lista de nombres propios (Lorena, 4 años)

Algunos niños, por ejemplo, utilizan su propio nombre para todo, una especie de llave universal, que sirve para escribir cualquier cosa imaginable.

ESCRITURAS DIFERENCIADAS

Las escrituras de los niños adquieren rápidamente nuevas diferenciaciones: los niños escriben palabras largas y cortas; letras grandes y pequeñas, variando según criterios establecidos. Incluso tienen ideas muy personales e interesantes acerca de la gramática de lo escrito.

Las palabras se diferencian según las características del objeto de referencia

Así, pueden escribir partiendo de la idea de que el número de letras de una palabra —o el tamaño de las letras— está en relación con el objeto que representan:

Escritura de nombres de animales: Oso se escribe con más letras ¡porque es más grande que una mariposa! (Josep, 3 años)

O bien, en este otro ejemplo, dos pelotas iguales se escriben igual. Pero si la pelota es más grande, merece más letras. Una lógica aplastante:

Pelotas pequeñas y grandes (Pilar, 3 años)

O bien, para escribir el plural, utilizan el recurso de repetir la palabra tantas veces como el número de objetos al que se refiere el plural:

Escritura de «casa» y su plural «casas» (Alba, 4 años)

Diferenciación en la cantidad, el orden o la variedad de letras

O bien pueden introducir cambios al escribir distintas palabras, mediante la variación del repertorio de letras utilizadas o introduciendo cambios y diferenciaciones en cuanto al orden o cantidad de las letras en cada palabra. En la escritura de listas de nombres, se aprecia claramente.

Veamos este ejemplo: Jordi (4 años) escribe todas las palabras con la misma cantidad de letras, pero introduce cambios en la variedad y el orden de las mismas:

Algo parecido hace M.ª Dolors (3 años): escribe siempre el mismo número y variedad de letras —más o menos—, pero introduce cambios en el orden de las letras. Además, siente una auténtica pasión por el número cinco:

Sin embargo, Imma (4 años) se va animando a medida que escribe, cada palabra tiene más letras que la anterior. la [M] y la [I], por supuesto, son exclusivas para su nombre.

En este otro ejemplo, tras copiar el título de la receta y las primeras letras de los ingredientes, Verónica se lanza a la escritura creativa de palabras, cambiando tanto la cantidad de letras, como el orden, como la variedad del repertorio de letras de cada palabra. El resultado consigue parecerse bastante a lo que escriben los adultos:

Escritura de la lista de los ingredientes de una receta (Verònica, 4 años)

LAS ESCRITURAS SILÁBICAS

Tarde o temprano —más bien a gran velocidad, en general— los niños van descubriendo que nuestra forma de escribir no se rige por estos principios ideográficos. Eso les lleva... a inventar la escritura silábica: cada letra representa un sonido. Dado que la unidad de sonido que se percibe es la sílaba, cada sílaba se representa por una letra o una grafía. En algunos casos, excepcionales en nuestras escuelas, la escritura silábica se representa con dibujos esquemáticos. Hemos visto niños que escriben así:

0 0 0 0 ——► ma-ri-po-sa
0 0 ——► ti-gre
0 0 0 ——► ven-ta-na

O, en lugar de círculos, pueden poner palos, letras u otros signos, pero jamás se equivocan en poner tantos signos como sílabas tiene la palabra.

No es lo habitual, porque ya han visto, y conocen, muchas letras. ¿Qué letras se escriben para representar las sílabas? Casi siempre, eligen, naturalmente, las vocales. A pesar de que nunca han visto escrita una palabra así, y a pesar de que su nombre, y el de los compañeros, y muchas otras palabras que conocen se escriben con más letras, y con consonantes, etc. ellos escriben así:

A I O A ——► ma-ri-po-sa
I E ——► ti-gre
E A A ——► ven-ta-na

Es maravilloso: pueden escribir cualquier palabra que les propongamos o que quieran escribir: ¿Nabucodonosor?, facilísimo: A U O O O O. ¿Constantinopla?: OAIOA. ¿Mamífero?: AIEO.

Pueden escribir, incluso, cuentos larguísimos en escritura silábica (María, 5 años).

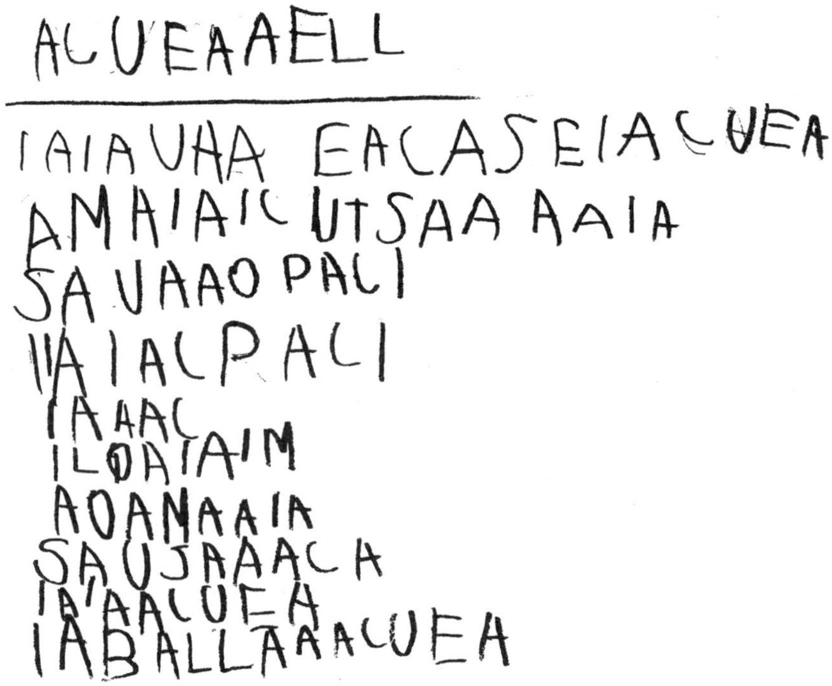

TRANSCRIPCIÓN DIRECTA

lA CapUtxEtA vArmELLa
hI hAvIA UnAA nEnA CA eS
dEIA CapUtxEtA/ lA MarA lI vA
dIr Ca pUrTeS Al mAnjAr a
l'AvIA / Se vA trUbAr Al llOP
pAl Cam_ / I lI vA dIr CA
Passés pAl Cam_ / I lA vA
AnganyA / I eL llOp va ArrIbAr
prIMer / Al llOp vA MenjAr
l'AvIA / eS vA pUSar A lA cAmA
/ I ArrIbA lA CapUtxEtA /I
tAmBé Al LLop vA mAnjAr
CapUtxEtA.

TRADUCCIÓN

Había una niña que se llamaba Caperucita / la madre le dijo que llevara comida a la abuela / se encontró al lobo por el camino / y le dijo que pasara por el camino / y la engañó / y el lobo llegó primero / el lobo se comió a la abuela / se puso en la cama / y llegó Caperucita / y también el lobo comió a Caperucita.

O se pueden escribir toda clase de noticias, como en esta pareja de niños de 4 años:

Mansell guanya al circuit de Catalunya i es manté imbatut al mundial de F-1

■ Michael Schumacher i Jean Alesi van ocupar les altres dues places del podi

■ Ayrton Senna va sortir de la pista a tres voltes del final, quan anava terce

TRANSCRIPCIÓN DIRECTA
DIumEnjA As vA fEr eL mUndIAl fOrmUlA U/ ManseLl vA gUanyAr/ vA plOUrA mOLt / FÉLIX / JOSEP MANEL

TRADUCCIÓN
El domingo se hizo el Mundial de Fórmula Uno / Mansell ganó / Llovió mucho / FÉLIX / JOSÉ MANUEL

Pronto, sin embargo —pero cada cual a su ritmo—, descubren que la escritura no debe funcionar así. Por una parte, cuando ven y leen escrituras adultas, por ejemplo, cuentos, las palabras no están escritas de ese modo. Por otra parte, hay conflictos que se plantean enseguida.

Los problemas del escribir

1. El problema de los monosílabos

¿Cómo escribir SOL?, en lógica silábica, se trataría de poner una O sola. Pero eso resulta muy difícil de aceptar cuando uno está convencido de que se necesita más de una letra para escribir una palabra. Es un conflicto cognitivo auténtico, que puede tener varias soluciones:

OO so-ol (reduplicar el sonido para evitar una letra solitaria que ofende el sentido común).

O bien, OL —> so-l; o SO —> s-ol.

Esta es una de las vías posibles a través de las que se puede superar la hipótesis silábica.

Hay otras, que aparecen muy a menudo.

2. ¿Palabras con todas las letras iguales?

PATATA, ¿AAA? ¡Si eso no se puede leer porque son todas iguales!

3. Palabras distintas, ¿se escriben igual?

Por ejemplo, ¿cómo es posible que ZUMO (U O) se escriba igual que TUBO o que VENTANA (EAA) se escriba igual que SEMANA? Eso también ofende su intelecto infantil y les lleva a plantearse que hay que usar otros criterios.

4. Los nombres propios no pueden escribirse a medias

Además, ¿qué sucede al escribir el nombre de un compañero? ALEJANDRO se pone hecho una furia cuando alguien escribe su nombre así: AEAO. «¡No es verdad! Faltan letras». Y ANA de ningún modo consiente que se pierda su N.

5. Las consonantes: una solución

Finalmente, en la sílaba [TA] no sólo se oye la [A]. A lo mejor en clase hay una Tamara o Tatiana, cuya letra es la [T]. De forma que a veces escriben la [T], con lo cual se discriminan mejor unas palabras de otras.

Algunos niños, manteniendo la hipótesis silábica, empiezan a escribir con las consonantes. De esta forma, ORDENADOR puede escribirse ODAD, o bien, OENO, o bien... Y puede ser que veamos RINOCERONTE, escrito sólo con consonantes: RNCRT. PLT significa, naturalmente, PELOTA... aunque también podría ser PALETO, pero no se conquistó Zamora en una hora.

Hay muchas lenguas en el mundo que se escriben silábicamente, pero notando sólo las consonantes. Por ejemplo, el árabe y el hebreo.

ESCRITURAS SILÁBICO-ALFABÉTICAS

Cuando se descubre que una sílaba puede escribirse con la vocal o con la consonante, se acaba escribiéndolas ambas. De todas formas, lo cierto es que la hipótesis silábica —una letra por sílaba— es tan potente y satisfactoria para los niños, que les cuesta mucho renunciar a ella.

De forma que transcurre un período de tiempo en que se combina el criterio silábico con escrituras parcialmente alfabéticas:

Escritura del pie de una foto (Laia, 4 años) [¡ULIO IglESiAS Es CanTantE]

Escritura de un anuncio (Gerard, 5 años)

TRANSCRIPCIÓN DIRECTA	TRADUCCIÓN
GERARD	Gerard
PASTes GALLO	Pastas Gallo
PAr FEr	para hacer
CANALOGS	canalones
I MACaRrOnS	y macarrones

ESCRITURAS ALFABÉTICAS

Por ese camino, se llega a escribir todas las letras que escribimos los adultos para representar una palabra. ESCUELA, ya es definitivamente ESCUELA.

Sin embargo, aparecen nuevos problemas de escritura. B/V, J/G, H, mayúsculas o minúsculas, la separación de palabras, incluso los acentos...

[transcripción con ortografía corregida]
EL RUQUET VALENT
El ruquet valent
porta carga, porta carga.
El ruquet valent, porta carga
i no se'n sent. PAU.
[traducción]
El borriquillo valiente lleva
carga y no la nota.
PABLO.

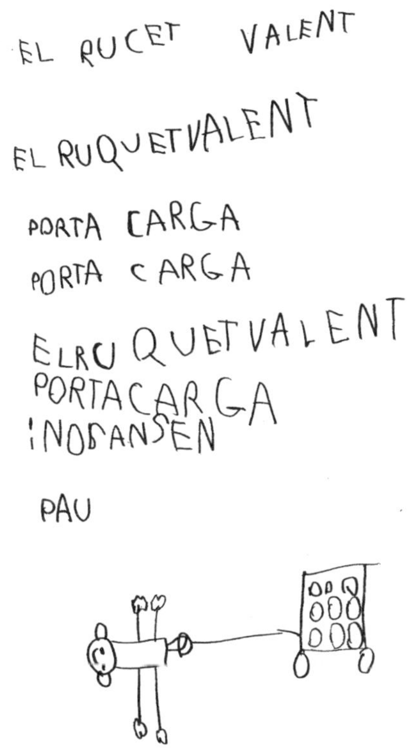

Escritura de una canción
(5 años)

[transcripción corregida]
EL MANCHESTER PREN LA RECOPA. Jugaven a la ciutat de Roterdamm d'Holanda. El Barça i el Manchester. El dimecres 15 de maig. El Barça va perdre 2-1. El Barça (a) la primera part, no reaccionava. En Zubizarreta i l'Amor no van poder jugar. En Nando va fer una falta molt gran i el van expulsar. En Marc Hughes va marcar dos gols. En Koeman va fer el primer gol del Barça.
[traducción]
EL MANCHESTER COGE LA RECOPA. Jugaban en la ciudad de Roterdamm de Holanda. El Barça y el Manchester. El Barça perdió 2-1. El Barça en la primera parte no reaccionaba. Zubizarreta y Amor no pudieron jugar. Nando hizo una falta muy grande y le expulsaron. Marc Hughes marcó dos goles. Koeman hizo el primer gol del Barça.

Escritura de una noticia
(6 años)

Vamos a repasar todo el proceso, tal como fue produciéndose en Ana.

ANA: LA HISTORIA DE LA ESCRITURA

Empezó la escolaridad, el curso 86-87, en la clase de 4 años. A mediados de curso, en febrero, escribía su nombre correctamente. Sin embargo, todas las demás palabras —mariposa [papallona], ardilla [esquirol], tigre [tigre], gato [gat] y «el gato bebe leche» [el gat beu llet]— las escribe con muy escasa diferenciación: más o menos la misma cantidad de letras por palabra, el mismo repertorio de letras y un orden muy semejante.

En mayo, escribía de forma muy diferenciada: ha ampliado mucho el repertorio de letras que usa, introduce cambios en la cantidad de letras por cada palabra, etc. Este momento es muy interesante, porque la niña empieza a introducir letras que corresponden a fonemas de la palabra: «papallona» es «PPXTP», «tigre» es «TCX», «gat» es «CT»... pero aún no ha elaborado una hipótesis de correspondencia silábica entre las letras que escribe y los sonidos que oye en la palabra. Al releer lo escrito, segmenta la palabra en sílabas, pero a cada sílaba puede corresponderle más de una letra, cualquiera.

Le falta muy poco para dar el salto a la hipótesis silábica. Efectivamente, en junio, al terminar el curso, escribe silábicamente y usa ya muchas consonantes correctas, porque la discriminación ya actuaba antes. Observad cómo el monosílabo «GAT» se escribe duplicando las letras: «GA-AT»——> GT. Una «trampa» a la hipótesis silábica que ya no necesitará al escribir «GAT» en la frase completa... pero que repetirá al escribir «LLET»——> «LLE—ET»——> LLT.

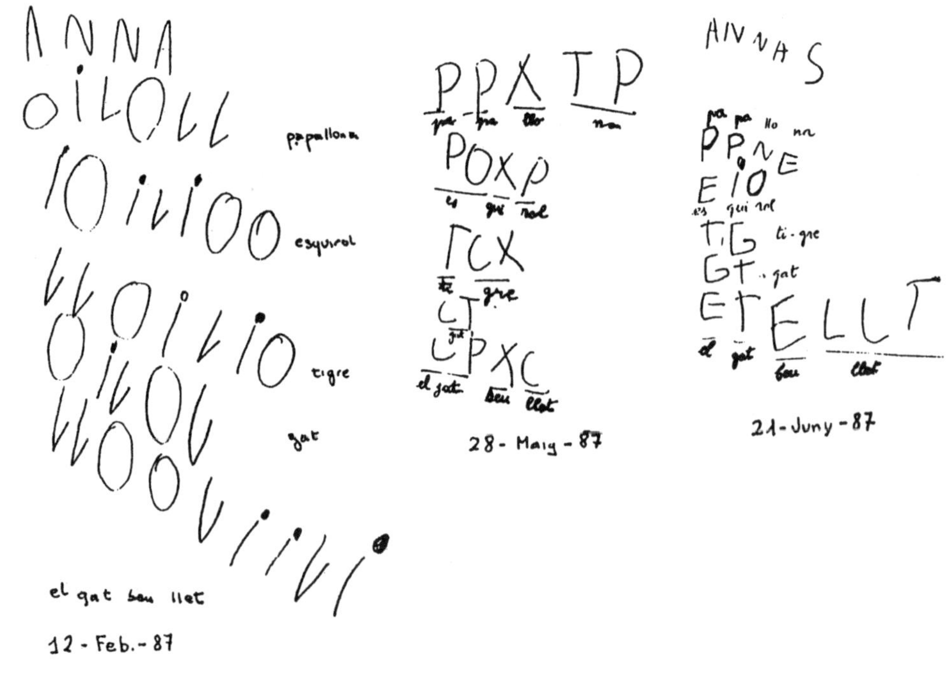

La conquista silábica es irreversible, porque es un conocimiento significativo que no se olvida. Al empezar el curso siguiente, ya escribe las palabras de forma silábico-alfabética. Observad la escritura de «xocolata»: XO——> X; CO——> U (en catalán se pronuncia [cu]) LA——> A y luego, repite LA ——> L y, por fin, TA ——> T. No es que haga una inversión psicomotriz, sino que repite la sílaba y primero registra la vocal y, en la repetición, registra la consonante, que también discrimina y conoce. La correspondencia sonido/grafía es muy correcta, con alguna excepción: «Galetes» aparece como «Calet(e)s».

Muy pronto, Ana escribirá ya con todas las letras, tal como se pronuncian:

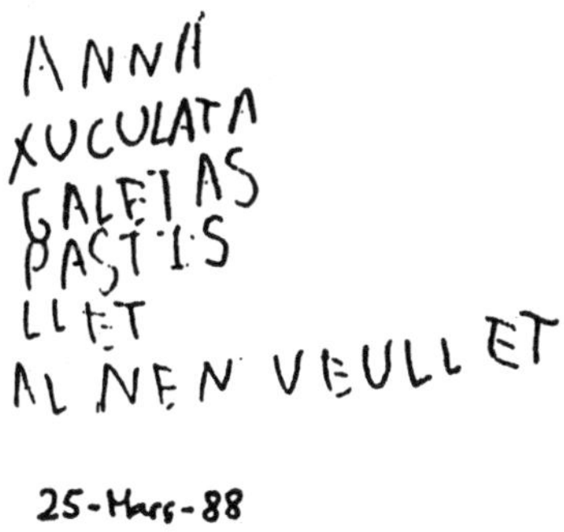

Capítulo 2

Ideas infantiles acerca de la lectura

SIMULAR LA LECTURA

Algunos niños, al llegar a la escuela, ya son capaces de representar que leen: cogen el libro, lo ponen en posición correcta, lo abren, lo miran atentamente, sueltan un discurso en un tono de voz determinado —distinto del coloquial—, van pasando páginas... El contenido del discurso puede ser el mismo contenido del cuento, si lo conocen bien, o la explicación de las ilustraciones... u otro cualquiera. Pero, a menudo, el lenguaje que utilizan al hacer ver que leen no es exactamente un lenguaje coloquial, propio de la conversación, sino una imitación del lenguaje que se escribe (Había una vez un gigante muy grande, muy grande...). Esta conducta de imitación constituye un paso de gigante.

Supone que el niño sabe qué es leer, cómo se hace, cuál es la actitud, el gesto, el tono adecuado. La posición del libro, la secuencia pausada de las páginas, etc. Una cantidad de información muy importante que no es posible si, previamente, no ha tenido una experiencia directa y repetida, habitual, de ver a los adultos leer en voz alta, para él. Estos alumnos serán, con toda probabilidad, buenos lectores.

Conseguir esta conducta en nuestros alumnos, es fundamental. El modo de hacerlo es servirles de modelo en la tarea de leer: leerles muchos cuentos... y toda clase de material que se preste a ser leído en clase. El sentido de estas lecturas, el placer que provoquen en los alumnos, la emoción que produzcan, el bienestar que experimenten en la situación de lectura, el tono afectivo que rodee la situación de leer, etc. marcarán sin duda la motivación de los niños para aprender a leer.

LO QUE SE PUEDE Y LO QUE NO SE PUEDE LEER

Además, cada niño tiene un conjunto de ideas acerca de lo que se puede leer y de lo que no se puede leer. Ideas que resultan de lo más interesante y sorprendente.

Una forma sencilla de acceder a estas ideas es la de entregar a los niños un conjunto de tarjetas con estos signos:

2 1 5	M E	por	muy
mantequilla	A A A A	A	⊙ I ▽ И
mas	4	de	M Z Q T
MANZANA	R		mmmmm

Las tarjetas, sueltas y desordenadas, se dan a un niño y se le pide que haga dos montones. En uno de ellos pondrá las tarjetas que se puedan leer, que sirvan para leer. En el otro montón pondrá aquellas tarjetas que, en su opinión, no sirvan para leer o no se puedan leer. Raramente tendrá dificultades para hacer los dos montones. A continuación, le pedimos que explique, claramente, sus razones para poner las tarjetas en cada montón.

Las respuestas de los niños divergen de unos a otros, gracias a Dios, pero se mueven alrededor de unas ideas-fuerza comunes a todos los niños. Todos coinciden en que la tarjeta vacía no se puede leer. Pero en las demás, pueden darse todo tipo de respuestas.

Algunas, se pueden leer (o no) porque son números. Otras, porque no hay bastantes letras para que se puedan leer. Otras, porque todas las letras son iguales, con lo que no se pueden leer de ningún modo. Otras, no son letras, aunque lo parezcan.

Veamos un ejemplo. Se trata de Daniel, que tiene 4 años y dos meses:

	¿SE PUEDEN LEER ?	¿POR QUÉ?
4	NO	NO ES UNA PALABRA
AAAA	NO	SON IGUALES
MANZANA	SÍ	SON LETRAS
ME	NO	SÓLO HAY DOS
MZQT	SÍ	SON LETRAS
215	NO	SON NÚMEROS

Probadlo. Veréis que están absolutamente convencidos de sus razones. Para ellos son del todo evidentes y ciertas.

Es decir, para que algo se pueda leer, hay bastante coincidencia en que, por lo menos, debe tener tres letras y que éstas deben ser distintas entre sí. Sobre lo que son «letras» puede haber división de opiniones según la cultura de cada cual.

INTERPRETACIÓN DE TEXTOS CON IMAGEN

Tienen también ideas propias acerca de lo que está escrito. Por ejemplo, podemos mostrar, a niños que no conozcan las letras, unas láminas con ilustración y palabras, o frases, escritas debajo. Éstas, por ejemplo:

FUTBOL

ESTE COCHE VA MUY DEPRISA

Primero les pediremos que expliquen lo que representa el dibujo. Seguro que organizarán frases, más o menos complejas, para explicar la imagen. A continuación, les señalamos el texto escrito en la parte inferior y les preguntamos qué les parece que puede decir eso que está escrito.

La mayoría contestarán, correctamente, que ahí dice FÚTBOL. Es decir, habrán hecho una interpretación correctísima de lo escrito. Pero puede ser que interpreten otras cosas igualmente plausibles: pueden decir PELOTA o NIÑO o FUTBOLISTA. A lo mejor dirán otras cosas sorprendentes que habrá que aclarar y nos informarán también acerca de lo que el niño piensa.

Ante una frase completa, sus respuestas pueden ser incluso más sorprendentes. He aquí algunas:

«Aquí dice coche» (¡acierta!, porque conoce la letra [C]).

Seguimos preguntando por lo que dice en el resto de la frase, y dice: «COCHE, COCHE, COCHE, COCHE, COCHE». Sin embargo, ninguna de las otras palabras empieza con la letra [C]. Pero, sencillamente, no se le ocurre qué otra cosa puede decir si sólo hay un coche en la ilustración.

Otros niños interpretarán que dice, por ejemplo, «COCHE, RUEDAS, VOLANTE, LUCES, VENTANILLA». Es decir, una lista de nombres referidos todos al coche. Otros, finalmente, interpretarán que se trata de un anuncio de coches, y afirmarán que dice «ESTE COCHE ES MUY BONITO», o barato, o que va muy deprisa (¡Bingo!), o que es de la marca tal... u otras cosas.

Hay niños silábicos que sostienen que cada palabra es una sílaba, y leerán «CO-CHE-RÁ-PI-DO», haciendo corresponder cada palabra escrita a una sílaba de su texto.

Ninguna de estas interpretaciones es descabellada, si advertimos que responden a una lógica infantil, perfectamente coherente.

INTERPRETACIÓN A PARTIR DE ÍNDICES TEXTUALES

Si los niños están en contacto con los nombres de los alumnos de la clase, aprenden enseguida a reconocerlos. No sólo el suyo, entre tantos, sino el de sus compañeros. A veces con una precisión desconcertante: en una clase de 4 años coinciden tres niños que se llaman ANTONIO. Su profesora ha hecho unas tarjetas con el nombre propio de cada cual en la parte delantera y el apellido en la parte de atrás. De forma que hay tres tarjetas con la palabra ANTONIO visible. Dos Antonios giran las tarjetas para identificar la suya por el apellido. Pero el tercer Antonio, no. En el primer trimestre, es capaz de reconocer no sólo la suya, sino la de cada uno de los demás Antonios. ¡Y eran iguales! Para discriminarlos, usaba diferencias casi imperceptibles en la grafía de las letras. Un auténtico grafólogo.

Aun sin saber descifrar completamente, pero cuando ya saben algunas letras, los niños pueden localizar palabras dadas, en un texto, a partir del uso de índices y procedimientos eficaces:

«Éste es un dibujo de un pájaro, esto es una bicicleta y esto una pelota. Pon cada palabra al pie del dibujo que le corresponde (se le entregan tarjetas con esas palabras en cada una).» Para resolver este problema, los niños pueden acudir a distintos indicadores para decidir. Puede ser que elijan correctamente BICICLETA, argumentando que es la más larga, o bien que empieza por [B], o bien que tiene la [I] en la primera sílaba, o que reconocen la [TA] final... Puede ser que les sea más difícil distinguir entre PÁJARO y PELOTA: ambas empiezan por [P], ambas tienen tres vocales... pero pueden considerar cuáles son estas vocales y acertarán; o bien, puede ser que reconozcan alguna consonante que discrimine, etc.

«LA MAMÁ LE PIDIÓ A PULGARCITO QUE FUERA A LA TIENDA A COMPRAR AZAFRÁN.» En una frase como ésta, los niños pueden localizar asimismo dónde dice MAMÁ, o PULGARCITO, o AZAFRÁN, apoyándose en sus conocimientos e hipótesis de trabajo.

Y, además, casi todos los niños pueden leer (reconocer) otras muchas palabras: el banderín de EL CORTE INGLÉS, el anagrama de COCA-COLA, el supermercado al que van a comprar con sus padres; la marca del jersey o las deportivas, etc.

De modo que se puede leer, y aprender a leer, aun antes de conocer todas las letras.

Pero esta lectura anterior al descifrado, requiere, por supuesto, unas condiciones determinadas para que al niño le sea posible. El texto que el niño debe interpretar, ha de contener ayudas que permitan compensar la insuficiencia del descifrado:

- Una ayuda es la presencia de imagen. La ilustración debe permitir anticipaciones plausibles del contenido del texto.
- El contexto y la situación en que se le invita a leer son acotados y precisos: por ejemplo, buscar el nombre de un compañero entre los de la lista de la clase. O un sustantivo entre varios de una misma familia (el volante entre las partes de un coche, por ejemplo).
- Se pueden reconocer y localizar palabras en un texto previamente memorizado por el niño: una canción, una poesía, adivinanzas, títulos de cuentos...
- Se puede leer en compañía de un lector experto (adulto o compañero) que aporte información necesaria, estimule el reconocimiento de indicadores, aclare el contenido de la palabra, etc.

Esta posibilidad de interpretar —elaborar hipótesis plausibles acerca de lo escrito— no sólo es una potente herramienta de reflexión para el niño y un estímulo al aprendizaje de las características de lo escrito. Es un procedimiento lector fundamental que todos los adultos utilizamos para guiar nuestras decisiones: al decidir qué noticia del periódico vamos a leer entera; al decidir qué novela compramos en una librería, etc., utilizamos indicios contextuales sin necesidad de leer el texto completo. En realidad, ante un texto, siempre hacemos una interpretación previa, que se confirmará —o no— al leerlo posteriormente.

INTERPRETACIÓN DE LA PROPIA ESCRITURA

Leer y escribir son tareas independientes. Una cosa es producir un mensaje: cada cual utiliza diferentes procedimientos para transmitir lo que quiere o necesita comunicar. Leer, en cambio, es interpretar, adivinar, lo que otro nos quiere decir: para leer es preciso conocer el código que el otro ha utilizado. Un profesor experto en la interpretación de textos elaborados por niños pequeños, puede leer —interpretar— correctamente una escritura silábica que, en cambio, será del todo incomprensible para un adulto que desconozca esta forma de elaborar el código de escritura en niños pequeños.

De modo que, al niño, le resulta mucho más sencillo escribir que leer, en las primeras etapas de su aprendizaje.

Sin embargo, leer también sirve para controlar y recordar lo que uno ha escrito. Cuando le preguntamos al niño qué es lo que quería escribir, le pedimos que lea lo escrito. El mismo niño puede necesitar leer lo que ya ha escrito para avanzar, tal como hacemos los adultos al repasar nuestros textos mientras escribimos. Esta actividad le aporta al niño información decisiva.

Puede ser que recuerde perfectamente lo que ha escrito y no necesite apoyarse en la lectura para informarnos del contenido de su producción. Puede utilizar otros indicadores, además de la memoria: el dibujo, el contexto, etc.

Pero también puede ser que se encuentre con sorpresas: por ejemplo, que lo que ha escrito no puede ser reconocido, ni siquiera por él mismo, lo que constituye una sorpresa y un conflicto importante, que le obliga a seguir investigando en el secreto de la comprensión de lo escrito.

Algunos niños, que ya se han introducido en los procedimientos del descifrado, pueden leer literalmente lo que acaban de escribir... y descubrir que no coincide con lo que querían escribir. Esta situación, frecuente, provoca desconcierto y les obliga a interrogarse acerca de las limitaciones de su escritura, de modo que al leer, reflexionan sobre lo escrito.

LECTURA AJUSTADA AL TEXTO: ESTRATEGIAS DE COMPRENSIÓN

La relación entre lectura y descodificación no es ni directa ni simple. Cualquier profesor, por ejemplo, conoce alumnos que descifran muy correctamente y no se enteran en absoluto de lo que están leyendo. También conocen niños que, al descifrar, dan la impresión de que no pueden comprender nada del texto y, sin embargo, demuestran haber captado perfectamente el contenido.

Descifrar sin comprender es un síntoma de hábitos perniciosos, en los que se ha separado lo mecánico de lo comprensivo. Jamás debiera darse, en la escuela, una situación en la que la comprensión no fuera decisiva. Para ello sólo hay que leer textos auténticos, cuyo significado sea preciso desentrañar con un objetivo claro y explícito.

Leer es comprender un texto. Comprender es un acto cognitivo, el resultado de una actividad mental. No podemos comprender si no leemos de forma activa: anticipando interpretaciones, reconociendo significados, identificando dudas, errores o incomprensiones en el proceso de lectura. Conseguir esta actividad mental en el alumno que lee, es imprescindible.

Pero no es suficiente. No se trata de inventar, sino de comprender *lo que está escrito:* ajustarse al texto. Por tanto, es preciso atender a las características de lo escrito y a su contenido. La descodificación es necesaria, también, pero como un instrumento al servicio de la comprensión.

Al leer no sólo utilizamos conocimientos previos acerca de lo escrito. Si fuera así, no se produciría aprendizaje al leer. Se requieren también estrategias para aprender a partir de la lectura. La enseñanza de las estrategias de lectura comprensiva no puede posponerse a edades avanzadas. O se enseñan desde el inicio de la lectura —en los primeros contactos del niño con textos escritos— o nos arriesgamos a promover personas que saben descifrar, pero no utilizan la lectura como medio de aprendizaje ni de acceso a la información, ni de placer...

Capítulo 3

Más ideas de los niños acerca del lenguaje escrito: los textos

LO QUE SABEN ACERCA DE LOS TEXTOS

Escritura y lectura son instrumentos, herramientas para acceder y producir lenguaje escrito.

Lo específico del lenguaje escrito, sólo se adquiere en contacto con textos de uso social y reflexionando acerca de estos textos. Los libros de cuentos, otros libros infantiles, cartas, notas escritas, periódicos y revistas, folletos, carteles, etc. son modelos auténticos acerca de las propiedades del lenguaje escrito.

Los niños no sólo tienen ideas personales acerca del sistema de escritura o de lectura de las palabras. Disponen, asimismo, de una gran cantidad de información acerca de la estructura del lenguaje escrito, de sus diferencias con el lenguaje oral, de la sintaxis y estructura textual propia de los distintos tipos de texto.

Este conocimiento depende de su experiencia previa y de las condiciones personales de cada uno, por supuesto. Pero todos los niños han visto, y oído, anuncios en la TV, cuya estructura es característica del lenguaje escrito. O han aprendido a diferenciar el lenguaje hablado espontáneamente, del lenguaje propio de las noticias del telediario —que se asemeja mucho al escrito—; han oído leer cuentos, han oído a alguien leyendo un mensaje escrito, etc. Si no han vivido algunas de estas experiencias en su familia, lo harán en la escuela infantil o en el parvulario.

Los niños, al llegar a la escuela, no pueden leer por sí mismos estos textos, pero sí pueden conocer sus características a través de la lectura que les haga el adulto.

Este conocimiento se profundiza e interioriza en la situación de escribir textos sociales. Esperar a que los puedan escribir perfectamente por sí mismos, supone una pérdida enorme de tiempo. Desde los tres años, los niños pueden, perfectamente, elaborar una carta, una noticia, un mensaje, una descripción, etc. Pueden escribirla por sí mismos o puede escribirla el profesor, actuando de secretario o escribano, pero son los alumnos quienes construyen el texto, las auténticos autores, quienes han pensado la mejor forma de expresar el mensaje que quieren transmitir.

Y los niños saben hacerlo... o pueden aprenderlo, ¡de sobras!

ESCRIBIR CUENTOS

Casi todos los niños, por ejemplo, saben que cuando se lee: «ERASE UNA VEZ...», se trata de un cuento. Saben que pueden esperar que aparezcan personajes fantásticos (hadas, héroes, monstruos, animales parlantes...). Probablemente habrá dos polos: bueno y malo; rico y pobre; feliz o infeliz...; de su encuentro nacerá una anécdota maravillosa que conducirá a un final feliz... o terrorífico (el lobo que se come a Caperucita) y se terminará cuando llegue una frase ritual del tipo «Colorín, colorado...». Este conocimiento —muy complejo y sofisticado— les permite no sólo reconocer y comprender un cuento explicado o leído, sino también reproducir (reconstruir) el texto de un cuento conocido...

Veamos ahora unos ejemplos de re-escritura del cuento de Caperucita Roja. Corresponden, respectivamente, a niños de cinco, seis y siete años. A los tres y cuatro años, pueden reconstruirlos oralmente, dictarlos al profesor... pero la mayoría no pueden escribirlos.

Observad, en este texto, cómo la niña respeta algunas características propias de los cuentos: el título aparece diferenciado (subrayado), se mantiene la fórmula típica de inicio del cuento; se incluye la palabra FIN... a pesar de que el cuento no se ha completado, sin duda por sus limitaciones en el dominio de la escritura.

TRANSCRIPCIÓN CORREGIDA

LA CAPUTXETA VERMELLA.
Hi havia una vegada una nena que li deien Caputxeta Vermella. Li va portar un cistellet amb mel i formatge. Fi. PAULA (5 años)

TRADUCCIÓN

CAPERUCITA ROJA
Había una vez una niña que le llamaban Caperucita Roja. Le llevó una cestita con miel y queso. Fin. PAULA. (5 años)

Observad, en este caso, cómo la presencia de imágenes secuenciadas facilita la escritura del cuento completo. Aquí se respetan también características propias de los cuentos: título (mayúsculas), fórmula inicial, presentación (incompleta) del protagonista y del antagonista; desenlace...

TRANSCRIPCIÓN CORREGIDA

LA CAPUTXETA VERMELLA.
Hi havia una Caputxeta que va anar a portar mel a la seva àvia / que vivia a una caseta del bosc i pel camí li va sortir el llop / El llop es vol menjar la Caputxeta i l'àvia / El caçador va matar el llop i la Caputxeta i l'àvia es van salvar. (Quico, 6 años)

TRADUCCIÓN

CAPERUCITA ROJA
Había una Caperucita que fue a llevar miel a su abuela / que vivía en una casita del bosque y por el camino le salió el lobo / El lobo se quiere comer a Caperucita y a la abuela / El cazador mató al lobo y Caperucita y la abuela se salvaron. (Quico, 6 años)

En la reconstrucción del mismo cuento de Caperucita que presentamos a continuación (Vanesa, de 7 años), podemos observar el grado de conocimiento que se ha adquirido respecto de las características textuales propias del cuento:

- Título diferenciado
- Omite la fórmula inicial y empieza directamente
- Introduce discurso directo con inicio de uso de puntuación propia del diálogo (dos puntos, inicio en mayúscula...)
- Presencia de protagonista, antagonista y personajes complementarios
- Desarrollo completo de la argucia que determina la acción final: el lobo engaña a Caperucita con relación al camino a seguir
- Coherencia narrativa y fidelidad al argumento
- Uso correcto de modos y tiempos verbales diversos, con relación al contexto y a la acción (imperativos, subjuntivos, indicativo presente, pasado y futuro...)
- Respeto de expresiones textuales y figuras literarias (onomatopeyas, diminutivos, expresiones cultas, repeticiones...)
- Uso de normas ortográficas (mayúscula inicial, puntuación parcial, signos de interrogación...)

TRANSCRIPCIÓN CORREGIDA

LA CAPUTXETA VERMELLA
La mare de la Caputxeta li va dir:
—Vés a casa de l'àvia a portar—li un pastís amb una miqueta de mel.
I li va dir la seva mare:
— Vés amb compte amb el llop i no t'encantis. Vés pel camí més curt.
La Caputxeta va veure el llop i li va dir:
— Hola, Caputxeta, on vas? —pregunta—
— A casa l'àvia a portar-li un pastís amb una mica de mel.
El llop va dir:
— Jo també vindré, jo passaré pel camí més llarg i tu irás pel camí més curt.
I va arribar primer el llop i va espantar l'àvia i es va disfressar d'àvia i va sentir: «TOC TOC»
— Passa, passa, que la porta ja és oberta.
Puja la Caputxeta i diu:
— Quines orelles tan grosses tens?
— Són per escoltar-te millor.
— Quina boca tan grossa tens?
— És per menjar-te millor !
— Ai, Ai !
Després va venir un caçador i va matar el llop i l'àvia i la Caputxeta varen ser molt felices.

TRADUCCIÓN

CAPERUCITA ROJA.
La madre de Caperucita le dijo:
— Vete a casa de la abuela a llevarle un pastel con un poco de miel.
Y le dijo su madre:
— Ándate con cuidado con el lobo y no te entretengas. Ve por el camino más corto.
Caperucita vio al lobo y le dijo:
— Hola, Caperucita, ¿dónde vas? —preguntó—.
— A casa de la abuela a llevarle un pastel con un poco de miel.
El lobo dijo:
— Yo también vendré, pasaré por el camino más largo y tu irás por el camino más corto.
Y llegó antes el lobo y asustó a la abuela y se disfrazó de abuela, y oyó «TOC TOC»
— Pasa, pasa que la puerta ya está abierta.
Sube Caperucita y dice:
— ¿Qué orejas tan grandes tienes?
— Son para escucharte mejor.
— ¿Qué boca tan grande tienes?
— Es para comerte mejor.
— ¡Ay, ay!
Después vino un cazador y mató al lobo y la abuela y Caperucita fueron muy felices.

LA caputxeta bermella

La mare de lacaputxeta li va dir ves a casa de l'avia
a portarli un pastis amb una miqueta de mel
i li va dir la seve mare ves en conta amb el llop
i no t'encantis ves per el cami mes curt.
La caputxeta va veure el llop i li ba dir: Hola caputxet
on bas pregunta, a casa l'avia a portarli un pastis amb
una mica de mel.
El llop ba dir jo tambe bindre, jo passare pel cami mes
llarg i tu iras pel cami mes curt i ba arribar primer
el llop i va espantar l'avia i es ba disfrasar di avia
i ba sentir toc toc, passa passa que la porta ja es oberta
Puja la caputxeta i diu quines orelles tan groses tens?
son per escoltarte millor.
quina boca tan grosa tens?
es per menjarte millor
ai ai
Despres ba benir un casador i ba matar al llop i
l'avia i la caputxeta barenser molt felicas

ESCRIBIR NOTICIAS

En cambio, a ningún niño se le ocurrirá que un texto como «EN SEVILLA HA HABIDO UN INCENDIO EN UN EDIFICIO DE LA EXPO-92» pueda ser el inicio de un cuento. Si les pedimos que escriban, o dicten al profesor, una noticia sobre los Juegos Olímpicos, casi ninguno empezará a decir «ERASE UNA VEZ...»

A continuación veremos unas noticias escritas por los niños, apoyándose en la imagen y en la lectura y trabajo oral compartido en clase. En la primera, un niño de cuatro años sólo escribe el nombre del personaje representado en la foto, aunque oralmente es capaz de explicar de forma completa y clara toda la noticia:

A los cinco años, una pareja de alumnas escribieron así la noticia acerca del fallecimiento de Salvador Dalí:

TRANSCRIPCIÓN CORREGIDA

Dilluns va morir Salvador Dalí. Era un pintor molt famós. Tenia una casa a Cadaqués. Feia una exposició de quadres. Vivia a Figueres. El van enterrar al seu Teatre-Museu. CARLA, NATÀLIA.

TRADUCCIÓN

El lunes murió Salvador Dalí. Era un pintor muy famoso. Tenía una casa en Cadaqués. Hacía una exposición de cuadros. Vivía en Figueres. Le enterraron en su Teatro-Museo. CARLA, NATALIA.

Observad cómo se incluye, de forma breve y concisa, todos los elementos propios de la noticia: qué pasó, cuándo, dónde, rasgos de identificación del personaje (pintor muy famoso, hacía una exposición de cuadros...). No aparecen, en cambio, rasgos que serían propios de otros textos.

Dos alumnas de 2.º curso, por su parte, redactan así una noticia sobre un accidente, por alud, en una zona cercana del Pirineo.

Observad, en este caso, el respeto de las características propias de una noticia periodística: precisión, aportación de detalles significativos para la localización de los hechos (eran de Molins de Rei, el helicóptero de los bomberos de la Generalitat; el Hospital Comarcal de....). Compaginación del texto con relación al título y a la foto...

RIPOLLÈS

Dos veïns de Molins de Rei, Josep Burges Martí, de 36 anys, i Pere Segura Fortuño, de 37, van morir diumenge al matí en quedar enterrats per una allau de neu i pedres que es va produir prop de Tregurà de Dalt, al terme municipal de Villallonga de Ter. Les víctimes practicaven el ciclisme de muntanya per la pista forestal que comunica Tregurà, a la vall de Camprodon, amb Pardines, a la vall de Ribes. En l'accident van resultar ferits tres ciclistes més, també veïns de Molins de Rei. Un d'ells, Jaume Margarit Casas, de 35 anys, va aconseguir arribar amb bicicleta fins a prop de Tregurà per demanar ajuda.

Una allau mata dos homes que feien ciclisme de muntanya a Tregurà

Tres ciclistes més van ser arrossegats i van patir ferides de diversa consideració | Un dels accidentats va aconseguir arribar al poble amb la bicicleta per demanar ajuda

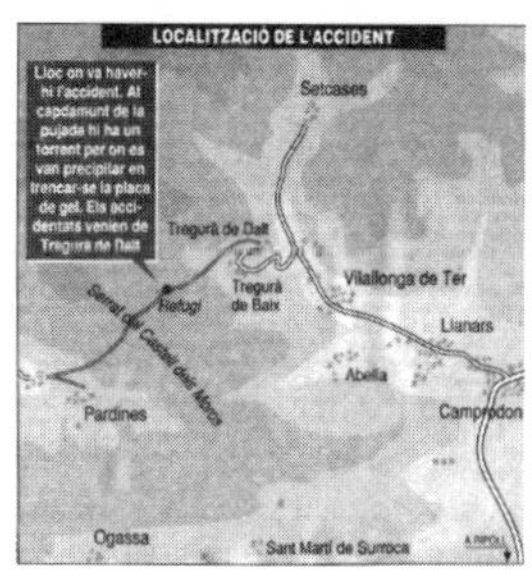

El diumenge passat va ocorri un
accident a la muntanya.
Uns nois de Molins de Rei,
feian una travesa per la
muntanya amb bicicleta.
Una allau de neu i pedres,
on va enterrar a 2 i els 3 que
quedaven varen resultar ferits.
Un dels ferits va avisar
en el poble per ajudar
els altres ferits.
L'helicòpter dels Bombers de la Generalitat va traslladar els ferits
a l'hospital Comarcal de Campdevànol on van ser atesos d'urgencia.

Esther i Laia 2on curs

TRANSCRIPCIÓN CORREGIDA

Diumenge passat va haver-hi un accident a la muntanya. Uns nois de Molins de Rei fan una travessa per la muntanya, en bicicleta. Un allau de neu i pedres va enterrar a 2 i els 3 que quedaven varen resultar ferits. Un dels ferits va avisar en el poble per ajudar els altres ferits. L'helicòpter dels Bombers de la Generalitat va traslladar els ferits a l'Hospital Comarcal de Campdevànol on van ser atesos d'urgència.
ESTHER i LAIA.

TRADUCCIÓN

El domingo pasado hubo un accidente en el monte. Unos chicos de Molins de Rei hacían una travesía por el monte, en bicicleta. Un alud de nieve y piedras enterró a 2 y los 3 restantes resultaron heridos. Uno de los heridos avisó en el pueblo para ayudar a los otros heridos. El helicóptero de los Bomberos de la Generalitat, trasladó a los heridos al Hospital Comarcal de Campdevànol, donde fueron atendidos de urgencia.
ESTHER Y LAIA.

ESCRIBIR ANUNCIOS

Si les proponemos que escriban un anuncio, a partir de la imagen de un producto, por ejemplo, utilizarán un tiempo verbal que no aparece en las noticias o en los cuentos: el imperativo, sin necesidad de que se lo aclaremos previamente: «COMPRE, PRUEBE, MIRE...» Además, construirán un texto breve y argumentativo: «SON MUY BARATAS», «Para que cuando os vengan a visitar toméis un buen café...» O construirán frases del tipo eslogan: «El chocolate que gusta a todo el mundo», «A mí me gusta la nata con fresas». Aparecerán recursos expresivos propios del anuncio: Ñam-Ñam... La estructura de este texto no tendrá nada que ver con la de otro tipo de texto:

TRANSCRIPCIÓN DIRECTA	TRADUCCIÓN
A mI M'AgrADa La NaTa aMb MadUGeS. ANA. MARC. (5 años).	A mí me gusta la nata con fresas. ANA. MARC.
cOmprI cOLA cAO / AlIMEnt UlImplc. ANA. MARC. (5 años)	Compre Cola Cao / Alimento Olímpico. ANA. MARC.

TRANSCRIPCIÓN CORREGIDA

BONKA. Compreu Bonka perquè quan us vinguin a visitar preneu un bon cafè.

La xocolata que agrada a tot el mon. Nyam Nyam.
(6 años)

TRADUCCIÓN

BONKA. Comprad Bonka para que cuando os vengan a visitar, toméis un buen café.

El chocolate que gusta a todo el mundo. Ñam Ñam.
(6 años)

ESCRIBIR TEXTOS EXPOSITIVOS

Si se trata de explicar un tema escolar trabajado en la clase, los niños utilizan estructuras propias de los textos expositivos: definiciones precisas, vocabulario técnico, categorización (es un animal mamífero...), descripción de las características principales (tamaño, peso, trompa, alimentación...). Los textos expositivos no son cuentos, ni noticias, ni anuncios...

TRANSCRIPCIÓN CORREGIDA
L'elefant és un animal mamífer i el més gran i pesat dels animals terrestres. L'elefant que veiem al Zoo és l'asiàtic, més petit que l'africà. S'alimenta de fulles i branques. Les cries poden pesar més de 100 Kg en néixer. L'elefant fa servir el seu nas, en forma de trompa, per dutxar-se i collir fruits. TONI (7 años).

TRADUCCIÓN
El elefante es un animal mamífero y el más grande y pesado de los animales terrestres. El elefante que vemos en el Zoo es el asiático, más pequeño que el africano. Se alimenta de hojas y ramas. Las crías pueden pesar más de 100 kg al nacer. El elefante usa su nariz, en forma de trompa, para ducharse y coger frutos. TONI (7 años).

Es decir, los niños de Educación Infantil y Ciclo Inicial tienen conocimientos y procedimientos muy consistentes para entender, componer y escribir —o dictar— textos complejos. O los pueden tener, si les ponemos en contacto con tales textos.

Trabajando con textos de uso social, además, los niños aprenden el lenguaje escrito de verdad, tal como es, con todas sus características, con su complejidad léxica, morfológica, sintáctica y semántica. Están en contacto con textos correctos y completos. Conocen, comprenden y aprenden a escribir frases subordinadas complejas, consecutivas, causales; figuras literarias, juegos de palabras, recursos estilísticos, etc. Por supuesto, necesitan ayuda y su grado de comprensión o capacidad de producción es muy diversa. Pero eso también nos sucede a los adultos. Y así se aprende.

2ª PARTE

Enseñar a escribir y leer
(Bases psicopedagógicas)

Capítulo 4

La tarea de la escuela: enseñar el lenguaje escrito

RESUMEN DE LOS CAPÍTULOS ANTERIORES

Los niños no están vacíos. Ni son una «tabla rasa». En realidad están llenos de ideas, hipótesis, teorías y convicciones personales que son muy profundas, están arraigadas.

En lo que concierne al lenguaje escrito, estas ideas se refieren al acto de leer y de escribir; al contenido de lo que se puede leer o escribir; a hipótesis y teorías sobre lo que son las letras, las características gráficas de la escritura y su relación con el objeto que representan. Establecen hipótesis sucesivamente complejas y comprensivas acerca del sistema alfabético de representación escrita y de cuáles son las unidades básicas de que se compone. Pero, no es sólo eso.

Entre los tres y los cuatro años, la mayoría de niños poseen una competencia oral con una complejidad sintáctica próxima a la del adulto. Su dominio del lenguaje oral, les permite comprender el contenido de textos escritos de uso social: cuentos, avisos, carteles, anuncios, rótulos, noticias, etc.

Además, poseen conocimientos acerca de las características de los distintos tipos de texto: reconocen y pueden reproducir textos escritos como cuentos, noticias, anuncios, cartas, etc.; pueden diferenciar el contenido y la forma de escribir entre un anuncio y una noticia o un cuento, por ejemplo.

...PERO NO SE APRENDE ESPONTÁNEAMENTE: IMPORTANCIA DE LA ESCUELA

Los niños aprenden a hablar «espontáneamente» por mera inmersión en un universo oral, familiar. No se requiere ningún método especial de enseñanza para aprender a hablar, a condición únicamente de que no haya obstáculos auditivos o físicos.

De hecho, los niños, en contacto con el lenguaje escrito, aprenden, asimismo, muchos elementos fundamentales acerca de la lectura y de la escritura, como hemos visto.

Sin embargo, no se aprende espontáneamente a leer ni a escribir. Nadie lo hace sin que se le enseñe intencional y explícitamente. En la historia de la humanidad, por otra parte, la aparición del lenguaje escrito es un acontecimiento tardío. Una de las funciones capitales de la escuela es, justamente, la función de alfabetizar a la población, de hacer posible el acceso a la cultura escrita.

Es decir, el saber espontáneo infantil —aunque sorprendente— no basta. En primer lugar, no todos los alumnos disponen de las mismas ideas previas con relación al lenguaje escrito. Tales ideas nacen de la reflexión sobre la experiencia. En muchos hogares no se leen periódicos, libros o revistas. No se escribe. Incluso no se les leen cuentos a todos los niños. Y, de todos modos, la cultura escrita requiere mayor información de la que se ofrece en el hogar, habitualmente. Eso tiene que aportarlo la escuela.

Acceder al uso del sistema alfabético propio de nuestro idioma, requiere ayuda. Muchos conceptos deben ser revisados, aclarados, discutidos y superados (por ejemplo, la hipótesis silábica de escritura o la idea de que sólo se escriben los sustantivos). La cultura escrita, por otra parte, supone una gran cantidad de conceptos y conocimientos que es preciso transmitir al niño, para ponerla a su alcance.

El niño puede elaborar aproximaciones acerca de lo que es la escritura y la lectura, incluso acerca del proceso de leer y escribir, aunque no puede observarlo, dado que es una actividad interna (mental) del lector o escritor. Sin embargo, requiere una enseñanza de los procedimientos de lectura y escritura, antes y después de poder descifrar y transcribir, para poder construir los significados culturales que se transmiten por el lenguaje y para desarrollar las capacidades comunicativas que requiere el uso correcto del lenguaje.

Aprender a comunicarse a través del lenguaje escrito, además, no es una necesidad vital ni intrínseca al ser humano. No se adquiere con la maduración. Requiere una motivación y unas actitudes positivas hacia el aprendizaje en general y, específicamente, hacia el aprendizaje de este mismo lenguaje escrito, que deben ser enseñadas y vividas en un contexto especial.

Enseñar a leer y a escribir es la tarea de la escuela: lo que ha venido haciendo a lo largo de siglos. Sin embargo, el pensamiento infantil acerca de la escritura, tal como lo hemos descrito, genera una gran cantidad de cuestiones acerca de los contenidos escolares y de los modos de enseñar el lenguaje escrito.

Capítulo 5

Las ideas de la escuela acerca del lenguaje escrito

¿EMPEZAR POR LA I?

Cuando los adultos aprendemos a captar y a entender el pensamiento infantil acerca del lenguaje escrito, nos sorprende ver hasta qué punto los métodos de enseñanza escolar suponen tanta dificultad de comprensión para el niño.

Por ejemplo, en las escuelas de nuestra zona —que usaban métodos fonéticos—, era habitual que se iniciara la enseñanza de la lectura y de la escritura por las vocales, de una en una, en un orden determinado. La mayoría de los alumnos de 4 años, cuando se inicia esta práctica, están firmemente convencidos de que una sola letra [i] no es materia de lectura ni de escritura. Tampoco la misma letra repetida varias veces [iiii...]. Sin embargo, según el profesor, eso era, justamente, lo que había que hacer: leer y escribir la [i].

Hasta períodos muy avanzados —en toda la Educación Infantil, por lo menos—, se presentaban al niño, habitualmente, monosílabos y palabras con muy escasa variedad interna y de letras, lo que, desde el pensamiento infantil, «no sirve para leer».

Se utilizaba, preferentemente, la letra manuscrita para presentar las letras. Eso no sólo añadía dificultades grafomotrices, sino que dificultaba la tarea —tan importante— de contar cuántas letras hay en una palabra.

Se pedía al niño de párvulos que realizara un análisis fonético fino, aislando cada sonido de su sílaba. Para muchos niños de estas edades, la unidad primaria es la sílaba y les resulta muy difícil entender qué se les está pidiendo. [mi] y [ti] son sonidos que perciben distintos y aislar la parte [i] de ese sonido les exige un esfuerzo de abstracción considerable y, sobre todo, situarse en una lógica de reflexión que no pueden compartir.

Pero lo más grave es que, ante las tareas escolares propias de los métodos tradicionales, el niño apenas podía pensar por su cuenta. Raramente se le invitaba a escribir una palabra que no hubiera visto previamente en la clase. Se le pedía recordar la «forma correcta» de escribir una palabra, no que pensara de qué modo podría escribirla. Por consiguiente, se valoraba como fundamental la percepción y discriminación visual de las letras y la habilidad motora de reproducirlas. De este modo, el lenguaje escrito se reduce a un problema psicomotriz, minimizando el aspecto cognitivo de la cuestión.

Si no se invita al niño a escribir palabras nuevas, casi nunca se ve una escritura silábica en la escuela. Sin embargo, su universalidad y la permanencia de esta etapa en largos períodos del desarrollo infantil es evidente... cuando aprendes a mirar.

Por nuestra parte, hemos de confesar que jamás habíamos visto a un niño escribir sólo con las vocales, antes de aprender a animarle a pensar cómo se puede escribir una palabra difícil. O, si alguno lo había intentado, lo habíamos interpretado en el sentido de que ¡olvidaba letras!, con lo que, inmediatamente, era preciso recordárselas. Es decir, interpretábamos como un error lo que era el resultado de su actividad reflexiva. La consecuencia natural era sembrar el desconcierto en la mente del niño y sugerirle que el sistema alfabético es incomprensible.

En cambio, interpretábamos como un acierto, el recordar exactamente la configuración de una palabra... aunque podía ser absurdo desde el punto de vista del niño. Premiábamos, así, su sumisión y su memoria visual, en tanto que sancionábamos como error el resultado de pensar por su cuenta.

En resumen, las ideas, el pensamiento y la reflexión del niño quedaban sacrificadas en aras de un método, cuya lógica era evidente para el adulto pero del todo incomprensible para el niño.

Otro aspecto sobre el que interrogarse es el sentido del lenguaje escrito que se manejaba en la escuela. La concepción de que lo primero es el aprendizaje de las letras (descifrar y transcribir), pospone, de hecho hasta muy tarde, el manejo de textos. Incluso en Ciclo Inicial de Primaria, la mayoría de tareas que se proponen a los niños son de escritura de palabras o frases convencionales. Las lecturas se ciñen únicamente a los textos escolares.

Eso no sólo parece menospreciar la capacidad infantil para interpretar y producir textos. Se corre el riesgo de omitir el aspecto fundamental del lenguaje escrito: que es un instrumento para la comunicación. El lenguaje escrito puede reducirse al lenguaje escolar: sirve para trabajar en la escuela únicamente. Es un lenguaje sólo *para* el profesor.

De todos modos, no es éste el lugar de revisar críticamente el trabajo escolar, sino de proponer alternativas.

ALGUNAS PREGUNTAS PARA PROFESORES

Cada profesor, cada colectivo de maestros, debe plantearse a fondo el porqué y el para qué de las actividades que se plantean a los niños, y decidir cuáles son las adecuadas para un mejor aprendizaje. Deben revisarse algunas de las ideas que subyacen a la tarea de enseñar.

En primer lugar, es preciso interrogarse acerca del objetivo de la enseñanza escolar del lenguaje escrito. ¿Pretendemos formar escribanos o escritores? Hay una forma de escribir que se limita a transcribir lo que otros dictan: una escritura «secretarial», propia de los escribanos o, actualmente, de los administrativos en su trabajo. Hay otra forma de escribir, en la que reflexionamos y elaboramos lenguaje escrito, al modo de los escritores. No es cierto que una sea previa a la otra: son dos concepciones distintas.

- ¿Pondremos el acento en lo mecánico o en la reflexión?
- ¿Queremos enseñar a descifrar o enseñar a comprender?
- ¿Enseñar a transcribir o enseñar a escribir autónomamente?

En segundo lugar, si se trata de enseñar a pensar el lenguaje escrito, ¿nos limitaremos a transmitir ideas a los niños? ¿o les haremos pensar y educaremos su pensamiento para que vaya desarrollándose hacia una comprensión adulta de la realidad? ¿Podemos enseñar a pensar, sin partir de las ideas de los niños?

Y además...

- ¿Qué es escribir y leer?
- ¿Qué piensan los niños acerca de lo que es escribir y leer?
- ¿Para qué sirve escribir y leer?
- ¿Cómo educar en la diversidad?
- ¿Qué sentido tiene para el niño la actividad que proponemos?
- ¿Cómo organizar el aula?
- ¿Cuál es el papel del profesor?

En los capítulos siguientes, vamos a daros nuestra opinión acerca de estas cuestiones. No son «la» respuesta verdadera. Son nuestra opinión. Esperamos que os ayude a pensar de modo más abierto las preguntas eternas que todo profesor se hace siempre.

Capítulo 6

Por un aprendizaje significativo del lenguaje escrito

CONSTRUIR PENSAMIENTO ACERCA DEL LENGUAJE ESCRITO

En nuestra propuesta, lo fundamental es el pensamiento. Las ideas de los niños y las ideas del profesor acerca de lo que es aprender y enseñar, y acerca de lo que es leer y escribir, comprender y producir lenguaje escrito.

Dar una oportunidad a que los niños piensen, significa partir de sus ideas, reconocerles su lógica, mostrarles sus limitaciones, aportarles información nueva que les ayude a pensar más y mejor.

Para ello es muy importante la idea que cada profesor tenga acerca de cómo aprenden los niños. Nosotros creemos que no se trata de llenar un odre vacío: de llenarlo de informaciones sueltas. No es recepción pasiva, sino actividad mental, esfuerzo, reconstrucción personal, debate, controversia, interacción.

Aprender es ampliar las fronteras del pensamiento.

Enseñar no es sólo transmitir informaciones a un oyente. Es ayudarle a transformar sus ideas. Para ello hay que conocerlas, escucharlas atentamente, comprender su punto de vista. Y elegir la ayuda justa que necesita para avanzar: ni más ni menos.

Un aprendizaje significativo es aquel que se incorpora a un pensamiento y lo modifica para mejorarlo. Debe estar de acuerdo con el pensamiento infantil que se trata de mejorar y con lo que queremos enseñar.

¿QUÉ ES LEER Y ESCRIBIR?

LEER ES COMPRENDER UN TEXTO
ESCRIBIR ES PRODUCIR UN TEXTO

Comprender y producir es pensar (saber), realizar (saber hacer) y hacerlo lo mejor posible (saber ser). O, lo que es lo mismo, ideas y conceptos, procedimientos y actitudes.

Se puede leer y escribir desde muy temprano (desde los tres años por lo menos), y se aprende a lo largo de toda una vida, sin agotar nunca las posibilidades, incluso a través de las generaciones.

No se trata, por tanto, de saber o no saber, sino de cuánto y cómo se sabe leer y escribir. Y de aprender continuamente.

Quizás haya muy pocos adultos (y muy pocos alumnos de 3 a 6 años), en nuestro país, que no puedan comprender el significado de algunas palabras escritas (su nombre, el logotipo de «El Corte Inglés», «Coca-Cola», «DANONE», y otros mil productos; las siglas WC). Hasta ahí, *saben* leer o escribir. Sin embargo, muchos adultos son analfabetos funcionales. Es decir, «saben» leer y escribir, pero no lo utilizan: prefieren preguntar en taquilla a qué hora sale el tren, en lugar de consultar el horario.

¿PARA QUÉ SIRVE LEER Y ESCRIBIR?: LOS TEXTOS

Escribir y leer son actividades que sirven para comunicarse. Para expresar ideas, experiencias, opiniones, sentimientos, fantasías, realidades. Y para acceder a lo que los demás seres humanos, a lo largo del espacio y del tiempo, han vivido, pensado, sentido. Existe una técnica de escritura y de lectura, pero aprenderla sin experimentar para qué sirve, tiene muy escaso significado y puede inducir graves confusiones en el alumno: escribir y leer para aprobar, para contentar al profesor, para usar sólo en la escuela; sentir que escribir y leer es aburrido, arbitrario, impersonal...

Leemos y escribimos algo. ¿Qué? Textos. El texto es la unidad básica de comunicación escrita que tiene significado. No es un problema de tamaño. Una letra puede no significar nada, ni ser un texto: la [A] por ejemplo. Sin embargo, la encontramos pintada en las paredes, rodeada de un círculo, y constituye un texto saturado de significados: anarquía, rebelión, protesta, afirmación de identidad, etc., significados que despiertan en los lectores toda clase de emociones contrapuestas. Las hileras de libros que los decoradores instalan en los salones, pueden no tener ningún significado —excepto el decorativo— y no ser textos.

Leer y escribir son instrumentos. Lo fundamental, es preguntarnos para qué sirve, qué uso les damos. No leemos y escribimos para nada. Usamos el lenguaje para algo. ¿Para qué?

Leemos y escribimos para:

- Recordar, identificar, localizar, registrar, almacenar, averiguar... datos.
- Comunicar o enterarnos de lo sucedido, de cómo es un país, de qué es lo que hay...
- Disfrutar, compartir sentimientos y emociones, desarrollar la sensibilidad artística, participar de fantasías y sueños.
- Estudiar, aprender, conocer, profundizar conocimientos.
- Aprender cómo se hacen cosas...

Estas intenciones o finalidades con que usamos el lenguaje escrito, determinan, además, modos específicos de escribir y de leer. No es lo mismo hablar de la primavera como conjunto de datos astronómicos y meteorológicos, como información periodística acerca del modo de vivir la primavera en las ciudades, como tema literario y poético, como tema de estudio científico, etc. También es distinto el modo de leer si queremos pasar un rato entretenido o preparar un examen, por ejemplo.

El lenguaje escrito sirve para eso. Eso es lo que nuestros alumnos deben aprender a comprender y a producir. Y no hay otro modo sino hacerlo cotidianamente.

En nuestra propuesta, en la escuela siempre debiera enseñarse y aprender lenguaje escrito con significado explícito: textos para hacer algo útil, tal como hacemos los adultos.

Esta concepción del lenguaje puede parecer obvia. No obstante, en la escuela han venido influyendo otras concepciones acerca del lenguaje, expresadas en distintas teorías lingüísticas y gramaticales. El Diseño Curricular y los desarrollos curriculares de la Reforma Educativa contienen como eje organizador del área de lengua un enfoque comunicativo con el que estamos plenamente de acuerdo. Entre otras cosas, este enfoque significa que no sólo consideramos lo escrito como objeto de estudio, sino el conjunto de la *situación comunicativa* en la que se produce o se lee un texto: la intención, el destinatario, el formato, el autor...

ACTIVIDADES QUE PERMITAN PENSAR

Lo importante no es «acertar» la solución correcta a un ejercicio cuyo significado puede estar oculto a un niño.

Lo importante es que la actividad le permita pensar y esforzarse en comprender y en producir textos de forma progresivamente mejor.

Por eso preferimos actividades abiertas y de relativa complejidad, que requieran pensamiento autónomo. Que cada alumno deba decidir cómo las va a hacer (planificarse, elaborar hipótesis, formularse preguntas, ensayar procedimientos), las pueda realizar de formas diversas y den lugar a resultados en los que muestre todo lo que sabe hacer... y lo que necesita aprender.

ES PREFERIBLE:	EN LUGAR DE:
• Resumir un texto. • Reconstruirlo cuando está desordenado. • Imaginar lo que vendrá a continuación. • Deducir lo que ha sucedido antes. • Deducir el significado de una palabra. • Escribir un texto completo. • Buscar un dato. • Encontrar errores en un texto (propio o ajeno).	• Recordar datos irrelevantes. • Escribir «la» palabra que falta en la frase. • Escribir «la» letra que falta. • Escribir frases repetitivas. • Rodear con un círculo «la» respuesta correcta. • Copiar un texto ajeno.

UNA CONSTRUCCIÓN PROGRESIVA DEL LENGUAJE ESCRITO

Siempre estamos aprendiendo a leer y a escribir. Este proceso de aprendizaje es una construcción progresiva. Pero no es lineal. No se trata de que hoy sepamos una letra y mañana otra.

Fijémonos en nosotros. Estáis leyendo este volumen. En una primera lectura, os hacéis una idea de lo que se plantea. Esta primera aproximación dependerá de varios factores. El más importante, el nivel de conocimientos que tenéis acerca de constructivismo, pensamiento infantil, lenguaje escrito y didáctica de la lengua. Un profesor, por ejemplo, que conozca a fondo la didáctica constructivista en otra materia (Matemáticas, Naturales, Sociales, etc.) podrá establecer muchas relaciones que le ayudarán a comprender lo que estamos diciendo. O el que haya leído textos recientes sobre comprensión lectora, producción de textos, didáctica de la lengua, gramática comunicativa, etc.

En cualquier caso, una primera lectura no será suficiente para cambiar una práctica pedagógica anterior. En el mejor de los casos, moverá a nuevas lecturas, a ensayar alguna propuesta concreta en la clase, a formularse nuevas preguntas acerca de estos temas. Cada nueva lectura constituirá un mayor aprendizaje y abrirá nuevas posibilidades. De vez en cuando se produce una iluminación, un ¡eureka!, cuando varias ideas encajan y se aclaran. Pero, habitualmente, iremos construyéndonos una imagen propia acerca de la didáctica constructivista del lenguaje escrito. En ningún momento, se tratará de un listón, de un saber/no saber. No podemos decir cuándo hemos aprendido del todo o cuándo no sabemos nada. No se puede esperar a haber entendido cabalmente el primer capítulo, para empezar a leer el segundo. La lectura de un capítulo mejora la comprensión del anterior.

Podemos establecer una secuencia de aprendizaje. Por ejemplo, con relación al sistema alfabético:

1º. Escribir = dibujar.

2º. Escribir = letras y números.

3º. Sólo letras. El número de letras y su tamaño dependen de las características del objeto al que nombran.

4º. Tantas letras como sílabas tiene el nombre.

5º. Tantas letras como fonemas.

Sin embargo, esa secuencia es compleja. A veces coexisten elementos de varias de estas etapas. Por ejemplo, un alumno que escribe un número indeterminado de letras para una palabra, puede escribir silábicamente si se le ayuda marcando los sonidos de la palabra. Un alumno puede mantener una hipótesis silábica, sin utilizar letras para representar los sonidos. Pero, más o menos, la secuencia es constante.

Y no se puede correlacionar la secuencia de aprendizaje con una escala temporal rígida. No existen unos aprendizajes propios de un nivel escolar (de 3, 4, 5 años, 1.º o 2.º de Primaria). La única aproximación es estadística: «la mayoría» de alumnos alcanzan la hipótesis alfabética al terminar la educación infantil, pero no podemos establecer eso como criterio universal, ni mucho menos utilizarlo como criterio de clasificación (por ejemplo, para decidir quiénes deben repetir o ir a un grupo de alumnos «lentos»).

Tampoco sirve esta secuencia para decidir rígidamente unos textos u otros. Un mismo cuento podría estudiarse a lo largo de toda la escolaridad. Tenemos algunas experiencias maravillosas de cómo pueden trabajar los alumnos de 14 años el cuento de la *Caperucita Roja* (trasladando el personaje a un suburbio de nuestras ciudades, por ejemplo). Ya hemos visto este mismo cuento, realizado por alumnos de distintas edades.

El aprendizaje semeja más bien una espiral que se va abriendo progresivamente, abarcando más y más conocimiento comprensivo.

Veamos ahora fragmentos del final de la escritura de un cuento —*El flautista de Hamelin*— por un mismo alumno, al iniciar el curso, en octubre, y al terminarlo, en junio. Es un alumno de 1.º de C. I. Muestra cómo se produce aprendizaje real y cómo ese aprendizaje no afecta sólo a un elemento, sino a todos los componentes a la vez.

Observemos:

- Mejora el nivel de escritura.
- Mejora el tipo de letra (paso de mayúsculas a manuscrita) y seguridad gráfica.
- Aprende aspectos importantes convencionales: el uso de mayúsculas; el uso de signos de puntuación [: ,], aspectos arbitrarios de ortografía.
- Incluye en la narración diálogo y discurso directo introducido con guión.
- Usa un léxico de mayor calidad y riqueza («batlle» es la forma correcta, pero culta, de designar al alcalde en catalán).

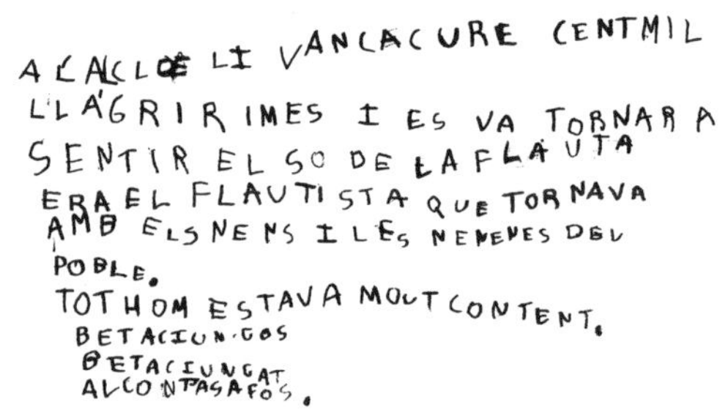

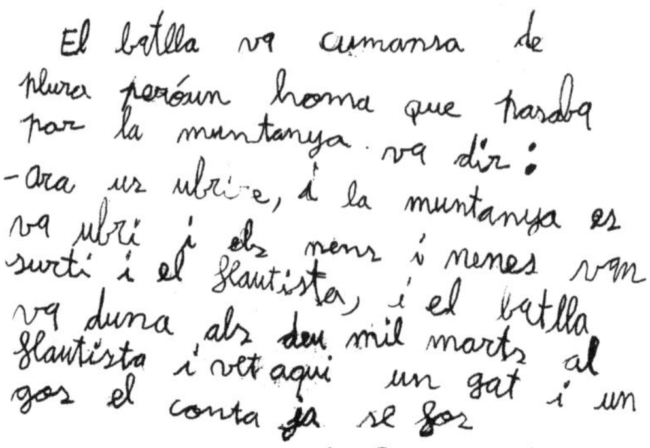

TRANSCRIPCIÓN CORREGIDA

«A l'alcalde li van caure cent mil llàgrimes i es va tornar a sentir el so de la flauta. Era el flautista, que tornava amb els nens i les nenes del poble.
Tothom estava molt content.
Vet aquí un gat, vet aquí un gos, i el conte ja s'ha fos.»

TRADUCCIÓN

Al alcalde le cayeron cien mil lágrimas y se volvió a oír el sonido de la flauta. Era el flautista que volvía con los niños y las niñas del pueblo.
Todos estaban muy contentos.
He aquí un gato, he aquí un perro y el cuento se ha terminado (fórmula ritual de final como colorín, colorado...)

TRANSCRIPCIÓN CORREGIDA

«El batlle va començar de plorar, però un home que passava per la muntanya va dir:
—Ara us obriré.
I la muntanya es va obrir i els nens i les nenes van sortir i el flautista.
I el batlle va donar els deu mil marcs al flautista i vet aquí un gat i vet aquí un gos, el conte ja s'ha fos.»

TRADUCCIÓN

El alcalde empezó a llorar, pero un hombre que pasaba por el monte, dijo:
—Ahora os abriré.
Y el monte se abrió y los niños y niñas salieron y el flautista.
Y el alcalde dio los diez mil marcos al flautista y colorín, colorado...

Capítulo 7

Educar en la diversidad

EDUCAR EN LA DIVERSIDAD

Los seres humanos somos diversos desde todo punto de vista.

La escuela fue creada para homogeneizar, transmitir modelos sociales definidos, para adaptar a los niños a un modelo social dominante, para seleccionar a la población. No es de extrañar que la diversidad sea vivida como un problema, como un obstáculo. Que se busquen mil y una fórmulas para segregar y homogeneizar: clases de apoyo separadas, grupos por nivel de conocimientos, evaluaciones en términos de acierto/error, etc.

Pero hoy se exige a la escuela que avance hacia la integración y hacia una cultura de la diversidad, que viva las diferencias como una riqueza y no como un obstáculo.

Eso supone cambios profundos en toda la institución escolar y en el pensamiento colectivo del profesorado. Supone transformar la organización escolar según criterios nuevos. Supone, además, cambiar la concepción diaria de la actividad escolar, hasta hacerla capaz de conseguir que todos trabajen y aprendan a partir de sus posibilidades.

El objetivo no es que todos aprendan por igual, eso sería imposible. El objetivo es que todos puedan trabajar reflexivamente y construir pensamiento, colectivamente. Que nadie se aburra, que nadie se sienta fracasado ni marginado.

El primer paso, seguro, es el de trabajar a partir del pensamiento de cada cual y sabiendo con claridad qué es lo que puede aprender en cada caso.

Actividades significativas. Actividades motivadoras y funcionales. Trabajo en grupos. Evaluación formativa y personalizada. En nuestra opinión, éstos son los ingredientes básicos para educar en la diversidad.

CADA ALUMNO ES DISTINTO

Las ideas de los niños no nacen por generación espontánea, ni son innatas ni se adquieren sin estimulación. El lenguaje escrito forma parte de la realidad en la que el niño nace. Hay lenguaje escrito en la calle, en la TV, en la ropa, en las bolsas de comprar, en los buzones de cada casa y cada día, en los periódicos y revistas, en los envoltorios de las cosas que comen, en carteles, pancartas, en los coches: en todas partes.

Pero esta presencia —pasiva— no es suficiente para que el niño aprenda. Puede formar parte de un paisaje que tenga escaso significado para el niño.

El niño aprende mediante la actividad —externa e interna— que rodea al lenguaje. Ahí está el quid de la cuestión. Para que el niño se muestre activo ante el lenguaje escrito que le rodea —se formule preguntas, establezca hipótesis, haga comprobaciones, etc.—, es necesario que tenga la experiencia de ver a los adultos utilizar activamente el lenguaje escrito. Está demostrado que hay una relación estrecha entre la experiencia de que le hayan leído cuentos a un niño y sus posibilidades de éxito escolar.

A nuestras escuelas llegan niños que no han tenido apenas experiencia de uso del lenguaje escrito. Algunos apenas si la tienen de lenguaje oral. Que no han visto a nadie leer o escribir. Niños a los que nadie les ha comentado «lo que dice ahí», que no saben para qué sirven esos signos: los confunden con dibujos porque nadie les ha mostrado la diferencia.

En cambio, otros nos llegan sabiendo muchísimas cosas acerca del lenguaje escrito. Saben cómo hay que ponerse para leer; cómo es el lenguaje de un cuento; la importancia de la lectura y el placer que proporciona. Pueden saber escribir su nombre, e incluso más cosas.

No sólo es cuestión de experiencia vivida. Existen diferencias en las capacidades y en la maduración de los niños; diferencias en el lenguaje oral; diferencias de valores culturales en relación con la cultura escrita y a la cultura escolar; distintas actitudes hacia los adultos y hacia el aprendizaje de las normas; diferencias en la motivación, en los estilos de aprendizaje, en la adaptación emocional y social, etc.

Veamos, a continuación, una muestra de la diversidad de respuestas en una misma actividad, en alumnos del mismo grupo de clase.

Actividad: Escritura del pie de una foto, en parejas. La foto corresponde al momento en que el capitán del Barça ofrece la Copa de Europa que acaban de ganar.

Nivel: 4 años. Número de alumnos: 24, organizados en doce parejas.

Fecha: 21 de mayo de 1992.

TRANSCRIPCIÓN CORREGIDA	TRADUCCIÓN
1. El Barça ha guanyat la Copa.	1. El Barça ha ganado la Copa.
2. El Barça ha donat un gol/ Ha guanyat. El Barça s'emporta la Copa. Estan contents.	2. El Barça ha dado un gol / Ha ganado. El Barça se lleva la Copa. Están contentos.
3. El Barça ha guanyat.	3. El Barça ha ganado.
4. El Barça ha guanyat la Copa. El Koeman ha fet un gol.	4. El Barça ha ganado la Copa. Koeman ha marcado un gol.
5. Barça / Copa.	5. Barça / Copa.
6. El Barça ha guanyat la Copa.	6. El Barça ha ganado la Copa.
7. [los niños no recuerdan lo que han escrito].	7. [los alumnos no recuerdan].
8. El Barça ha guanyat la Copa d'Europa.	8. El Barça ha ganado la Copa de Europa.
9. Ha guanyat el Barça. Aixequen la Copa. Ahir a la nit.	9. Ha ganado el Barça. Levantan la Copa. Anoche.
10. El Barça ha guanyat una Copa d'Europa. La Sampdoria no ha guanyat.	10. El Barça ha ganado una Copa de Europa. El Sampdoria no ha ganado.
11. En Koeman ha fet un gol. Que aixequen la Copa. Estan contents aguantant la Copa.	11. Koeman ha marcado un gol. Que levantan la Copa. Están contentos aguantando la Copa.
12. Ha guanyat el Barça. El Barça ha fet un gol. A Londres. Hi havia molta gent a veure el Barça.	12. Ha ganado el Barça. El Barça marcó un gol. En Londres. Mucha gente fue a ver al Barça.

Nótese: Todos los textos infantiles recogen correctamente la idea principal de la noticia y se ajustan a una estructura propia del pie de foto: brevedad, capacidad de síntesis, destacar lo más relevante de lo sucedido. Sólo un grupo (11) hace una transcripción directa de lo oral, sin respetar la especificidad del texto escrito: «*QUE* levantan la Copa»

Las escrituras de las distintas parejas corresponden a muy distintos niveles: desde escrituras pre-silábicas con pseudo-letras (8), con escaso control de cantidad (6), etc. hasta escrituras alfabéticas casi completamente correctas (12).

La calidad gráfica es asimismo muy diversa.

Producciones muy correctas desde el punto de vista de construcción del texto, pueden darse con grafías deficientes (1, 3, 6, 8). Buenas producciones, pueden, sin embargo, ser mejoradas claramente en cuanto a la construcción (11).

Actividad: Escritura individual de la Carta a los Reyes Magos. Previamente se ha acordado el encabezamiento (Queridos Reyes de Oriente) y la identificación del nombre y domicilio del niño que escribe la carta. Se trata de un texto enumerativo, resuelto de distintas formas:

Nivel: 1.° de Ciclo Inicial.

TRANSCRIPCIÓN CORREGIDA	TRADUCCIÓN
1. Estimats Reis de l'Orient: Jo em dic Anna xxxxxx. Visc a Hostalric (pueblo), nº 6. M'agrada la xxxx i el xxxx i els llibres de cole i la nina xxxx. Adéu Reis. Anna.	1. Queridos Reyes de Oriente: Yo me llamo Anna xxxx vivo en Hostalric, n.° 6. Me gustaría la xxxxx y la xxxx y el xxx y los libros de cole y la muñeca xxxx. Adiós Reyes. Anna.
2. Estimats Reis de l'Orient: Jo em dic Marta xxxx, i m'agradaria que em portessiu regals. Adeu Reis. xxxxxxxxx (nombre de los juguetes) xxxxxxxxx xxxxxxxxx Marta.	2. Queridos Reyes de Oriente: Me llamo Marta xxxx xxxx y quisiera que me trajeran regalos. Adiós Reyes. xxxxx xxxxx xxxxx Marta.
3. Estimats Reis de l'Orient: Marina, visc a Massanes (pueblo) i vull xxxxx xxxxxx xxxxx xxxxx xxx xxx Reis. Marina.	3. Queridos Reyes de Oriente: Marina. Vivo en Massanes (pueblo) y quiero xxxxx, xxxxx, xxxxx, xxxxx Reyes. Marina.
4. Estimats Reis de l'Orient: Em dic Dani, carrer Sant Jordi, número deu. M'agradaria (que) em portessiu: xxxxx xxxxx Em despedeixo. Dani xxxxxx.	4. Queridos Reyes de Oriente: Me llamo Dani, calle Sant Jordi, número diez. Me gustaría que me trajeseis: xxxxx xxxx.... Me despido. Dani xxxx.

Observad: A pesar de ser un texto simple y trabajado, se advierte gran diversidad: en las fórmulas de despedida, en la propia identificación —nombre sólo, uno o dos apellidos—, en la información del domicilio. Todos viven en pequeños pueblos, pero algunos mencionan sólo el pueblo y otros incluyen la calle y el número... sin el pueblo; o el pueblo y el número... sin la calle. También aparece diversidad en la fórmula de enumeración: lista vertical, yuxtaposición, coordinación...

estimats reis de l'urion
jo em dic anna lerrona
lic e ustabric N.6 ma
grederle le rasaura i la
paces pecs i el mobiu
De le barbi i els llibres
De cole i le mina bea
me dtea. edeu reis

~~[illegible]~~

estimats reis de lurien
ja emle dic marta
arellarede erque
i ma gradaria que
em purtesis ragals
adeu reis

la rasousa
un juie
els llibres de la barbi

~~MARTA~~

ASTIMAS REIS DEL'URIEN
TIAMDIC DANI.
CARESAN JORDI NUMARU
DEU

ESTIMATS REIS DE L'ORIENT:
MARINA VIC MASSANAS I VUI
CUCO-PASEO CUTXET CUIETA
ROSAUA
PLMA MICUS

REIS MARINA

MAGRADARIANPURTESIU
GIBAN
SIJU
CENBOI
ALBASTITDANGOCU
LESCLEBA
UNTRANSFORME
LORCO
BRSMGON
AL CST ELL DACLABRAGRISA

AMDASPADEXU
~~DANI~~ JOSTISIA

¿DE LA DIFERENCIA A LA DESIGUALDAD?

La diversidad entre los alumnos es enorme y puede traducirse en desigualdad de oportunidades frente a la escolarización. Pueden, incluso, convertirse en diferencias definitivas si no hacemos una acción positiva para igualar las oportunidades de todos los alumnos en el acceso a la cultura escrita.

La escuela puede intentar compensar en parte estas diferencias. O no. Depende de lo que hagamos.

En nuestras escuelas, la mayoría de actividades propuestas a los niños eran idénticas para todos en el mismo momento. Se evaluaban únicamente en términos de «bien» o «mal». Muchos niños se aburrían: podían hacer mucho más que «eso». Si un niño no acertaba la respuesta en una actividad, se enfrentaba a otra similar con lo que podía, fácilmente, volver a meter la pata. Y así, hasta que se decidía proponerle actividades diferenciadas para ayudarle, supuestamente, a madurar. Estas actividades consistían en desmenuzar y repetir incansablemente la misma actividad en la que había fracasado. Aunque estamos simplificando mucho, nosotros trabajábamos más o menos así.

De esa forma, las diferencias individuales se convierten en clara desigualdad de oportunidades de acceso a la educación. El «café para todos» —la misma actividad, del mismo modo, en el mismo tiempo, con la misma evaluación— mantiene intactas las diferencias y, al evaluar, la escuela se limita a certificar, una y otra vez, que las diferencias de origen comportan desigualdades.

EDUCAR EN LA DIVERSIDAD Y APRENDIZAJE SIGNIFICATIVO: DOS CARAS DE LA MISMA MONEDA

En nuestra experiencia de estos últimos años, trabajando a partir del pensamiento del niño, sigue habiendo niños con dificultades importantes en lectura y escritura, por supuesto. Los ritmos de aprendizaje son muy distintos de unos a otros. Leer y escribir son actividades cognitivas muy complejas, de las más complejas imaginables, como veremos más adelante. Hay niños que tardan mucho o, simplemente, que no alcanzan a poder leer y escribir. Nos referimos tanto a alumnos de educación especial, con los que también trabajamos conforme a esta propuesta, como a los niños de integración o, asimismo, a los que necesitan apoyos complementarios de todo tipo, con los que empezamos a experimentar estas ideas, al principio, antes de llevarlas al aula ordinaria.

No es éste el lugar de discutir la existencia ni el origen de las dificultades de lectura y escritura. Lo que afirmamos es que ambas tareas son, sobre todo, una actividad cognitiva, que requieren, básicamente, pensamiento reflexivo. Escribir es mucho más que un problema gráfico, así como leer es mucho más que reconocer letras. Lo fundamental es que el niño piense y que la escuela le ayude a construir su pensamiento de acuerdo con los objetivos educativos.

Si nos enfrentamos a una tarea incomprensible, se produce un bloqueo mental. Si no entendemos lo que se nos pregunta o se nos pide —como sucede en un país cuyo idioma desconocemos o en una materia que ignoramos completamente— no podemos actuar. La única respuesta es «no comprendo» o, sencillamente, «no sé». ¿No es ésta la situación que se crea con buena parte de las actividades escolares de enseñanza de la lectura y la escritura?

Partir del pensamiento infantil no hace milagros, pero facilita enormemente la educación y la enseñanza. Dejan de decir «no sé» y se ponen a pensar cómo escribir, cómo reconocer una palabra. Aparece una motivación desconocida hasta entonces. Pueden pensar y su reflexión es entendida y estimulada.

Especialmente, los profesores, al tratar con niños con dificultades, adquieren algo nuevo. Por una parte, mayor tranquilidad: entienden lo que sucede en la mente del niño ante la escritura, y están seguros de que el niño está dando de sí todo lo que puede dar. Y, además, está claro qué es lo que hay que trabajar con cada alumno: lo que es capaz de hacer y, aún mejor, cuál será el próximo paso en su aprendizaje. Un niño que no preste atención al sonido de la palabra, deberá concentrarse en la palabra y comprobar que lo que está escrito tiene que ver con el sonido de la palabra. Es cuestión de tiempo. Un niño que asigna vocales a cada sílaba, debe darse cuenta de que hay más sonidos que las vocales: que las palabras se escriben con más letras. Es cuestión de trabajar eso y darle tiempo.

Entretanto, pueden escribir y leer: periódicos, revistas, folletos, libros...; pueden aprender vocabulario, manejar máquinas de escribir, imprentas y ordenadores; ver la diferencia entre lo oral y lo escrito; pueden aprender las diferencias entre una receta de cocina y una poesía, y muchísimas más cosas.

Por otra parte, las actividades del aula permiten una mayor diversidad de realizaciones. Si la tarea es, por ejemplo, re-escribir una noticia o un cuento, habrá alumnos que pondrán sólo una serie de nombres de los personajes o de las acciones que les parecen más importantes. Esos nombres podrán ser escritos con criterios muy distintos de elaboración. Otros escribirán el título, más o menos elaborado. Otros construirán un texto completo. En la misma clase, puede haber niños que escriban cualquier letra —importando únicamente su número y diversidad— y niños que se planteen problemas ortográficos sofisticados, o la separación correcta de las palabras, o el uso de la puntuación, o si lleva o no [h] la palabra hombre.

Todos trabajan reflexivamente. Todos hacen lo que pueden (de eso se encarga el profesor, que les conoce). Cada uno es evaluado según sus posibilidades y a cada uno se le reconocen los logros conseguidos. Nadie tiene por qué aburrirse ni sentirse desbordado.

Definitivamente, cuando los profesores que trabajan así, deben explicar, a sus compañeros, las ventajas de esta propuesta, eligen dos argumentos fundamentales:

- Mucha mayor motivación y grado de reflexión de todos los alumnos. «La clase hierve.»
- La diversidad de los alumnos no es ningún obstáculo. Incluso es ideal para trabajar en grupos pequeños, porque estimula la discusión y la reflexión.

¿APRENDIZAJE PRECOZ? ¡NO!

Nuestra propuesta acerca de que los niños pueden escribir y leer ya desde el inicio de la escolaridad, no debe confundirse con una propuesta de acelerar el aprendizaje o de estimular el aprendizaje precoz.

Los métodos tradicionales tienden a retrasar el aprendizaje del lenguaje escrito. Hemos comprobado cómo los niños de cuatro años pueden aprender mucho más que las vocales: algunos incluso pueden aprender a escribir correctamente. Afirmamos que no tiene ningún sentido frenar o retrasar el aprendizaje de estos niños.

Pero no planteamos acelerar el proceso ni aspirar a que todos los alumnos aprendan precozmente a leer y a escribir.

Cada uno tiene su ritmo, su experiencia previa distinta, su tipo de motivación ante la escolaridad, su nivel de adaptación a la situación escolar. Las situaciones que proponemos en el aula ni suponen ni exigen que todos los alumnos las respondan al mismo nivel. Pero, al escribir, todos aprenden a escribir y nadie se siente abrumado por una tarea imposible: todos pueden responder, aunque cada respuesta sea diferente.

¡ATENCIÓN! NO ESCOLARIZAR LA EDUCACIÓN INFANTIL

Es cierto que proponemos trabajar el lenguaje escrito desde los tres años de edad. No sólo es posible, como hemos experimentado y mostrado. Resulta que los alumnos de Educación Infantil se lo pasan estupendamente y aprenden un montón de cosas interesantes.

Pero ¡cuidado!, la Educación Infantil no tiene como objetivo que los niños aprendan conocimientos escolares propios de la Educación Primaria.

Los niños de tres, cuatro, cinco años no deben estar todo el día pegados al pupitre, escribiendo y leyendo. La Educación Infantil posee unas características propias, que distinguen las escuelas infantiles de las escuelas primarias.

La inclusión de estas edades en las escuelas primarias lleva consigo, demasiado a menudo, una excesiva «escolarización» de los niños en detrimento de lo específico de la educación infantil: el juego, la comunicación oral y corporal, la relación afectiva, los hábitos de cuidado personal, etc.

Sería un error apoyarse en nuestra propuesta para defender una mayor exigencia «escolar» a los niños pequeños. Debemos estimularles, ofrecerles la posibilidad de acceder al lenguaje escrito, pero no atormentarles, ni clasificarles, ni exigirles, a todos, unos conocimientos iguales.

Capítulo 8

Motivación: escribir y leer tiene sentido

LA PREDISPOSICIÓN HACIA EL APRENDIZAJE

Al inicio de la escolaridad, en Educación Infantil, es frecuente ver a alumnos con grandes dificultades de adaptación a la situación escolar. Les resulta extraño manejarse en grupos amplios, pueden sentirse perdidos o amenazados, responder con inhibición o agresividad. Puede que las tareas y consignas del profesor les resulten incomprensibles porque, en casa, nunca se les pidió algo parecido. Puede que se mantengan en un mundo egocéntrico o familiar y no puedan interesarse por las cosas que la escuela les propone: el mundo exterior, otras realidades personales y familiares. Puede que estén acostumbrados a estar en un ambiente en el que no se les tiene en cuenta ni se les pide nada especial.

Hay niños que no hablan, por temor, o que no usan el lenguaje para comunicarse: no están acostumbrados a que se les preste atención, no saben que lo que dicen puede ser importante para los que le rodean. No han aprendido lo básico en comunicación: el ritmo conversacional de escuchar y hablar, de ser comprendido y de reaccionar frente a lo que comprende de lo que el otro dice. Del mismo modo, hay niños que no han experimentado el valor comunicativo del lenguaje escrito: que lo escrito puede ser importante, interesante, emocionante. Que lo que ellos escriban puede causar emoción y satisfacción en el otro. Estas son experiencias que, si no se dan en casa, debe proveer la escuela.

Los niños deben aprender a mirar y a escuchar, es decir, deben ser mirados y escuchados atentamente. Deben acariciar y ser acariciados, hablar y que se les hable personalmente, ser comprendidos para que puedan comprender. Deben experimentar el deseo de agradar, de ser apreciados, lo que sólo aprenden cuando agradan y son apreciados. El deseo de agradar lleva a la imitación, a fijarse en lo que el profesor les pide, a hacer el esfuerzo de intentar las tareas, nuevas, que en la escuela se le proponen continuamente.

Además, para aprender, deben aceptar que no saben o que no saben lo suficiente. Que pueden ser ayudados o ayudar a otros. Que aprender significa esfuerzo, una cierta frustración, perseverancia, tolerar las decepciones... cuando el resultado no es el imaginado o el deseado. Que otros niños son distintos: tienen más o menos facilidad que él para contentar al profesor.

Tales son los requisitos de la tarea de aprender. Se traducen en actividades, en la escuela, del orden de mirar, hablar y escuchar por parte del profesor y del niño. En lo que atañe al lenguaje escrito, suponen actividades de contacto con lo escrito: mirar, tocar, hablar de los libros, revistas, materiales escritos de todo tipo. Y explicar, leer, escribir por parte del profesor y del niño.

A partir de ahí, se trata de estimular y mantener la motivación para el aprendizaje continuo. La motivación ni es innata ni es eterna: debe ser estimulada y mantenida.

PODER ES QUERER:
EL PROFESOR Y LA AUTOESTIMA DEL ALUMNO

Una tarea demasiado fácil se hace monótona, aburrida. Una tarea demasiado difícil, asusta e inhibe. Los niños deben sentirse capaces de abordar con éxito la tarea que les proponemos. La medida del éxito la da, especialmente, la respuesta de los adultos ante el resultado del esfuerzo del niño, es decir, la evaluación.

La conciencia de fracaso puede adquirirse muy tempranamente si la respuesta que el niño obtiene es de rechazo. En muy poco tiempo, un niño puede aprender que lo que hace no agrada nunca, ni es valorado. La motivación está estrechamente relacionada con la autoestima y el autoconcepto académico, y éstos son enseñados por el profesor y por los otros adultos y niños que se relacionan con el aprendiz.

Si al evaluar el trabajo del niño comparamos el resultado obtenido con la imagen mental de lo que pretendíamos conseguir idealmente, estamos siempre clasificándole según un criterio externo, comparativo, estadístico. Un alumno «bueno» siempre es «bueno» y el «malo» siempre lo será, aunque se esfuerce. Eso se aprende muy rápido.

En cambio, si consideramos el esfuerzo realizado y el progreso conseguido con relación al estado inicial, un niño siempre puede ser valorado positivamente.

La motivación, para que crezca, requiere evaluaciones positivas. Una evaluación positiva, sin embargo, no es conformista. No es positivo que cualquier cosa sea evaluada del mismo modo. Al evaluar, establecemos también un próximo objetivo: sin eso no hay estímulo. Al alumno con dificultades no le sirve de nada que se le diga que todo lo hace bien. Eso es compasión, no estímulo. Del mismo modo que no podemos exigir a un alumno lo que no puede conseguir, no debemos tampoco aceptar un trabajo inferior a sus posibilidades.

PARTICIPACIÓN E IMPLICACIÓN EN LA TAREA

Una tarea en la que nos limitamos a aplicar las órdenes recibidas, no es motivadora. Puede ser cómoda, incluso eficiente, pero nunca estimulante. Uno debe sentirse implicado personalmente, que la tarea tiene que ver con los propios deseos y objetivos. Que se tiene un deseo, personal, de realizar bien lo que se (le) propone.

Rellenar una ficha, haciendo lo que el profesor quiere que se haga, es menos motivador que escribir algo que deseas escribir y del modo que a ti te gusta hacerlo. Leer un cuento siguiendo el ritmo de la lectura de otro, es menos motivador que leerlo a tu aire, a tu ritmo.

La actividad debe dar cabida a la iniciativa personal del alumno. Es importante que el alumno sienta que puede elegir: lo que va a escribir o a leer, cómo va a hacerlo. No todo puede ser elegido: el profesor marca los límites de la tarea, pero es preferible que la tarea tenga un cierto grado de apertura, de flexibilidad, que permita una respuesta personalizada.

Además, la posibilidad de elegir estimula una mayor actividad mental por parte del alumno. Y eso también es motivador, además de ser importante para el desarrollo de las capacidades del niño.

EL PLACER DE PENSAR

Pocas cosas hay tan apasionantes como el pensar. Recordemos que la mayoría de juegos y actividades lúdicas requieren actividad mental: desde el parchís al ajedrez. Por supuesto, aprender es mucho más divertido si te invita a pensar. Hay actividades que son más fáciles y cómodas: ver la tele, copiar, hacer sumas (cuando ya sabes hacerlas), memorizar, hacer caligrafía, etc. Pero disfrutar, lo que se dice disfrutar, pasarlo en grande, sólo lo experimentamos cuando una tarea nos requiere esfuerzo y obtenemos éxito. Hacer deporte no es cómodo, pero puede ser muy estimulante y motivador.

Lo que proponemos es que los alumnos piensen mucho. Se trata de que piensen, ellos, no de que se adapten a lo que nosotros pensamos.

La ventaja del aprendizaje significativo es que permite pensar. Desarrollar y expresar las propias ideas, discutirlas, confrontarlas, mejorarlas, ampliarlas. Partir de las ideas personales, de los conocimientos previos, de lo que ya se sabe, ponerlo en movimiento y atacar un problema nuevo y estimulante.

Lo que se necesita, es que el profesor, los adultos, entendamos la lógica del pensamiento infantil y tiremos de ella hacia adelante. Que sintamos el placer de reconocer las ideas de los niños y comprenderlas.

ESCRIBIR Y LEER PARA RESOLVER NECESIDADES

La cultura escrita es una parte importante de la cultura escolar, junto a los lenguajes matemáticos, plásticos, musicales, corporales... junto a las ciencias de la naturaleza y las ciencias sociales, etc.

Pero, además, la lectura y la escritura son instrumentos, técnicas para conseguir algo. Al leer y al escribir, la pregunta importante es *¿para qué?* Leemos y escribimos para disfrutar, para recordar, para aprender, para informarnos, para comunicarnos, para expresarnos...

El lenguaje que se trabaja en la escuela debe servir para todas esas cosas y eso debe quedar claro para nuestros alumnos.

En primer lugar, el lenguaje escrito que usemos en la escuela debe ser funcional. No escribimos ni leemos «porque sí», sino para resolver alguna necesidad: hacer la lista de la compra, ver quién falta en clase, enviar una carta a alguien de verdad, escribir un periódico, aprender sobre un tema, etc. Reclamar un uso funcional y comunicativo del lenguaje en la escuela, no debe interpretarse en sentido restrictivo y utilitarista. También es funcional, es decir, que tiene sentido, interés y valor educativo, escribir y leer para aprender a escribir, para divertirnos, para nosotros mismos, para mejorar la letra, para experimentar con la escritura y la lectura, para aprender otras materias, etc.

No se trata, por tanto, de inventar un lenguaje-para-la-escuela, sino de meter en la escuela el lenguaje-que-se-usa en la sociedad. Por eso proponemos trabajar con libros diversos, periódicos y revistas, folletos, carteles, etc. que se encuentran por todas partes.

Aprovechar al máximo las oportunidades que se presentan de leer y escribir como tareas necesarias. Por ejemplo, cuando hay que enviar una nota a los padres, ¿Por qué no hacerla con los niños?:

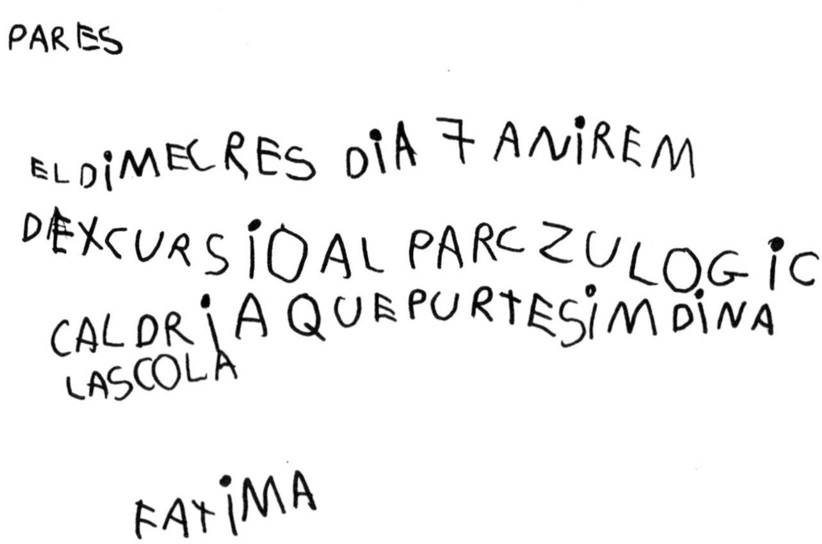
PARES

ELDIMECRES DIA 7 ANIREM
DEXCURSIOAL PARCZULOGIC
CALDRIA QUEPURTESIMDINA
LASCOLA

FATIMA

TRANSCRIPCIÓN CORREGIDA	TRADUCCIÓN
Pares: El dimecres, día 7, anirem d'excursió al Parc Zoològic. Caldria que portessim dinar a l'escola. Fàtima. (5 años)	Padres: El miércoles, día 7, iremos de excursión al Parque Zoológico. Es preciso traer la comida a la escuela. Fátima. (5 años)

LA ESCRITURA Y LA LECTURA AL SERVICIO DE PROYECTOS

Y, además, es preferible que el lenguaje que se trabaje en la escuela, se enmarque en un proyecto con sentido para el niño, más allá de la actividad y de la clase de lenguaje. En nuestra experiencia, los resultados son excelentes. La motivación principal es la que deriva de pensar, enfrentar y resolver problemas, aprender. Pero también es imprescindible que la actividad escolar tenga un sentido muy claro para el alumno.

Un Proyecto es un tema, elegido con la participación activa de los alumnos. Es preferible que el Proyecto corresponda a una actividad real: hacer una colección, preparar un viaje, organizar una fiesta, representar una obra de teatro, realizar una maqueta, editar un libro, o una revista, etc.

Puede ser, también, un tema de estudio monográfico que dé como resultado la elaboración de un dossier o documento de síntesis del trabajo realizado.

A diferencia de los Centros de Interés decrolyanos, no se trata aquí de mantener la estructura de áreas de conocimiento, aplicando las tareas al tema del Centro de Interés, de forma que se trabaja, por ejemplo, el Otoño en Lenguaje, Matemáticas, Medio Natural y Social, Plástica, etc.

En los Proyectos, el tema es el que determina la actividad e implica la realización de tareas de síntesis en las que se incorporan conocimientos, procedimientos y actitudes de áreas distintas, sin forzar la situación. A lo mejor, si se trata de editar un libro de poemas originales de los alumnos, habrá que hacer pocas medidas ni cálculos: ¡no importa!

Nos gusta la idea de la negociación del profesor con sus alumnos: elegir temas, textos, situaciones, etc. con la participación de los alumnos, estableciendo acuerdos entre sus intereses y la intención educativa del profesor. Es una forma de motivar a los alumnos, de hacerles responsables de su quehacer en la escuela, de tratarles como personas inteligentes y capaces.

Un Proyecto puede llevarse a término manteniendo en paralelo la estructura de áreas de conocimiento —reservando un espacio horario específico para el Proyecto— o bien puede ser una movida que ocupe todo el horario escolar durante unos días concretos, los necesarios para realizar la actividad.

Los Proyectos pueden ser una forma de organizar el conjunto de la actividad escolar del curso o bien pueden limitarse a unos temas específicos paralelos a otras actividades.

En el tercer volumen, dedicaremos un capítulo entero a ofrecer muestras de Proyectos, el proceso de elaboración en el aula y su relación con el lenguaje escrito.

LA MOTIVACIÓN ES ALTAMENTE CONTAGIOSA

Por suerte, la motivación, el entusiasmo, la diversión, el placer, son contagiosos, tanto como el aburrimiento.

Un profesor que disfruta con su tarea, que se entusiasma al enseñar, que se emociona con el lenguaje escrito, que lo usa con placer, comunica fácilmente motivación a sus alumnos. Y al revés. La actitud del profesor frente al aprendizaje, frente a la escritura y a la lectura, es fundamental. No es necesario insistir.

Afortunadamente, todos los profesores, en alguna ocasión, han sentido emoción y placer escribiendo y leyendo. A veces, puede ser necesario recordarlo, revivir estas situaciones, para compartir esta experiencia con los propios alumnos.

Del mismo modo, el contacto con compañeros entusiastas, es muy estimulante. Aprender supone un esfuerzo, vencer una resistencia, superar la tendencia a la comodidad y a la inmovilidad. Trabajar junto a otros compañeros, ayuda a sentirse estimulado.

Muchas personas, adultos y niños, sentimos la necesidad de no ser menos que los demás. De afirmar nuestra valía en contacto con los otros. Algunos se obsesionan por sobresalir, incluso al precio de humillar al vecino: la mayoría de educadores creemos que eso no debe ser estimulado en modo alguno, que debemos educar a nuestros alumnos en el compañerismo y la solidaridad.

Pero competir para no ser menos, para no quedarse atrás, constituye un estímulo a mejorar, a progresar, a aprender. Y en la escuela, en el grupo, éste es un recurso poderoso que conviene aprovechar. El trabajo cooperativo, entre otras muchas ventajas, contribuye a mantener activa y estimular la motivación frente al aprendizaje. Veámoslo.

Capítulo 9

Interacción: el trabajo cooperativo

AUTONOMÍA E INTERACCIÓN EN EL APRENDIZAJE

La educación escolar es grupal. Se trabaja con grupos, no con sumas de individuos. Pero es que todo el aprendizaje es una construcción social. Se aprende entre todos, en contacto con algo o con alguien.

Los niños deben escuchar al maestro, por supuesto: tiene cosas muy importantes y útiles que transmitirles. Pero también el profesor debe escuchar, muy atentamente, a sus alumnos; debe estar atento a sus gestos, sus actitudes, su comportamiento, a sus mensajes mentales: ideas, conocimientos, hipótesis y procedimientos, etc. Escuchar, y comprender, significa reaccionar ante el mensaje: modificar y adaptar sus propuestas de trabajo, ayudar en lo que es necesario, dar el empujón adecuado. Y se requiere un entrenamiento específico para la tarea de atender a lo que el alumno aporta.

Pero no sólo el profesor enseña y produce pensamiento creativo. También los compañeros, al trabajar juntos, al discutir puntos de vista, enseñan mucho. Y los materiales que se les ponen a su alcance: hay que pelearse —mentalmente— con ellos para sacarles jugo.

Veamos ahora un ejemplo de interacción. Dos niños trabajan en pareja. Se dictan, escriben, alternándose, releen, corrigen, borran y mejoran el texto. De esta forma, la producción resulta sensiblemente mejor que si lo hubieran hecho cada uno por separado.

Actividad: **RE-ESCRITURA, POR PAREJAS, DE UN CUENTO CONOCIDO**
NIVEL: 1.º DE CICLO INICIAL

C = Carmen; S = Sandra.
[C y S han decidido trabajar juntas y eligen el cuento de Caperucita Roja]
(Transcripción traducida del catalán)
C. escribe el título y dice:
—Haremos una raya cada una. (le pasa el lápiz a S).
S escribe y C le dicta:
—*La madre de Caperucita Roja le dijo: vete a casa de la abuela...*
S escribe y C le observa y dice:
—Abuela (àvia en catalán) se escribe con [v].
S. lo corrige y al terminar la línea pasa el lápiz a C. El ritmo acordado se respeta en cada ocasión.
Al terminar la frase, S. coge el lápiz y dice:
—*y su madre le dijo: vete con cuidado con el lobo*
lo escribe y C. coge el lápiz, lee lo anterior y escribe:
No te entretengas, piensa y dice:
—*Vete por el camino más corto*
Lo escribe y pasa el lápiz a S. que dice y escribe:
—*y yo pasaré por el camino más largo.* C protesta:
—Esto tenía que ir más atrás, primero iba que vio al lobo.
S. pregunta:
—¿Dónde?
C: —Antes de esto. ¿Lo ponemos aquí?
Señala la parte izquierda de la línea, S está de acuerdo, C. escribe *Y encontró al lobo,* pero S dice:
—Hay que borrar esto [*y yo pasaré por el camino más largo*]
Mientras S. escribe, C. relee el texto escrito y dice:
—Aquí tiene que decir: a casa de la abuela, *a llevarle un pastel y un poco de miel.*
S. lo añade...
Siguen escribiendo y repasando hasta completar el cuento, con 18 líneas.

La escritura en parejas parece especialmente adecuada para mejorar la calidad de lo que se escribe y el aprendizaje. Pero no siempre funcionan bien las parejas de niños para trabajar de forma cooperativa. Puede ser que uno de los dos sea muy mandón y el otro demasiado sumiso, de forma que la discusión no se produce. Puede ser que los dos sean demasiado distintos: no pueden entenderse. Puede ser que se parezcan demasiado: ninguno aprende nada nuevo.

En cualquier caso, parece aconsejable un cierto grado de heterogeneidad. Por ejemplo, entre dos niños que utilizan la misma hipótesis para escribir —supongamos la escritura silábica sobre vocal—, el acuerdo será inmediato, pero no avanzarán: pondrán las vocales y listos. En cambio, entre un niño que escriba letras hasta terminar la página y el que sólo escribe las vocales, la discusión será muy interesante y productiva. O entre el que pone las vocales y el que ya escribe todas las letras. No sólo aprenderá el de nivel «inferior»: el otro deberá argumentar y ser persuasivo; dos buenas cualidades que hay que aprender.

LA ORGANIZACIÓN DEL AULA EN GRUPOS

La necesidad de intercambio del alumno con los materiales y actividades, con el profesor y con los compañeros, requiere organizar el aula de tal forma que, en ocasiones, permita al alumno trabajar solo —leer silenciosamente, por ejemplo; pensar un texto que debe crear — pero, en otras, le permita trabajar con sus compañeros.

Y hay otra necesidad: la de que el profesor pueda seguir de cerca *el proceso* de trabajo de los alumnos. Que pueda ayudarles *mientras* están realizando su tarea: el mejor momento. La corrección del producto final del trabajo del niño es ardua y a menudo carece de sentido para el niño. A veces es, incluso, imposible: el niño puede no recordar lo que ha escrito, que es indescifrable para un adulto. Los niños deben trabajar por su cuenta, para que el profesor esté disponible para ayudarles.

Sin esa intervención del profesor en el proceso, resulta muy difícil, casi imposible, comprender cómo piensa el niño, dónde tropieza con alguna dificultad y cuál es la ayuda justa que necesita para poder avanzar. Insistimos: no es verdad que los niños aprendan solos: aprenden en un medio estimulante y con la ayuda educativa imprescindible del profesor o de los compañeros.

Organizar el trabajo en grupos, rincones, talleres, parejas, etc. nos parece una condición muy importante para un trabajo constructivista en lenguaje.

Hay distintas formas de trabajar en grupo reducido. La clase puede organizarse por grupos que trabajan por separado, pero haciendo todos la misma tarea. Entretanto, el profesor va pasando por un grupo y otro siguiendo el proceso de trabajo, ayudando en las dificultades, señalando aspectos a corregir, etc. En ocasiones, el profesor puede instalarse con uno de los grupos, asistiendo a la discusión y ayudando al grupo en todo el proceso de realización de la tarea.

Este tipo de organización mejora mucho si se ofrecen las siguientes posibilidades:

1. Dos profesores en el aula

El maestro de apoyo, en lugar de llevarse a algunos alumnos a trabajar fuera del aula, puede participar, dentro de la misma, en el seguimiento de los grupos, no necesariamente de los grupos de niños con dificultades que, por otra parte, deben estar mezclados con los demás en grupos heterogéneos. También el asesor puede utilizarse para duplicar profesores...

2. Desdoblar el grupo clase

Bastantes escuelas, en nuestra zona, aprovechan la presencia de especialistas (de Educación Física, Música, etc.) para desdoblar el grupo-clase: el especialista se lleva a la mitad del grupo (escuelas de dos líneas) y el tutor se queda en el aula trabajando con el resto. De esta forma, es mucho más fácil seguir el trabajo de los grupos.

Claro que este tipo de fórmulas no pueden darse en cada clase ni en todas las horas, pero es bueno aprovechar todas las posibilidades a nuestro alcance.

LA ORGANIZACIÓN DEL AULA EN RINCONES

Otra forma de trabajo cooperativo y autónomo de los alumnos, es la organización por rincones. En cada rincón, los niños trabajan un aspecto determinado, de forma autónoma, a partir de los materiales disponibles —mejor cuanto más abundantes, variados y de uso flexible— y de las instrucciones dadas por el profesor. Entretanto, el profesor puede seguir de cerca el trabajo de un grupo. A lo largo del horario escolar, el profesor está con todos los grupos y siguiendo actividades de todas las áreas.

En el grupo que está con el profesor, se sigue todo el proceso de trabajo. El resto de los alumnos deben trabajar solos y, al final de la sesión, controlar el trabajo realizado.

La presencia del maestro permite descubrir el pensamiento y la participación de cada uno en la tarea. E introducir elementos de ayuda cuando es necesario. Veamos un ejemplo:

Actividad: ESCRIBIR EN LA PIZARRA UNA PALABRA
Y CORREGIRLA COLECTIVAMENTE

El profesor propone escribir la palabra «CASTAÑA», en catalán «CASTANYA».
Nivel: 5 años. Grupo de seis alumnos.

Montse escribe en la pizarra A A A y lee CAS-TA-ÑA.
Todos leen coralmente: CAS - TA - ÑA.
La maestra pregunta si están todos de acuerdo. Dani dice:
(Dani)— Señorita, yo oigo «CA»
(Prof)— ¿Dónde, Dani?
(Dani)— Al principio, mira CAS -TA - ÑA, CAS - CAS CAS - TA -ÑA

(Prof)— ¿Qué te parece, Montse?
(Montse)— sí, bueno
Dani se ha levantado y añade la C. Queda así C A A A
Montse lee, señalando con el dedo: CAS (C) - TA (A) - ÑA (A). Queda sorprendida al ver que sobra la A final.
(Prof)— ¿Qué ha pasado, Montse?
(Montse)— Sobra una A
(Prof)— ¿Sobra una A? (dirigiéndose a todos)
(Todos)— Sí, sí...
Montse borra la última A. Queda así: C A A
(Abel)— Oigo la TA, CAS TA-TA-TA ÑA
(Prof)— Bien, escríbelo. (Queda C T A A)
(Prof)— Léamoslo todos: CAS(C) - TA (T) - ÑA (A)
(algunos)— sobra la A
(Prof)— Entonces, ¿qué podemos hacer?
(Carmelo)— borrarla. Lo hace y queda C T A
(Prof)— ¿Está bien así?
(todos leen) — CAS (C) - TA (T) - ÑA (A). Sí, sí....
(Dani)— No está bien, «seño»; oigo la ÑA, falta la ÑA
(Prof) — A ver, ¿se oye la ÑA? (a todos)
(Todos) — Sí, sí...
(Prof) — A ver, Alberto, escríbela tú
(Lo hace, ya que es una letra que recuerdan de trabajos anteriores) Queda así: CTANY
(Todos) — CAS (C) - TA (T) - ÑA (A)... (y les queda la NY)
Carmelo, espontáneamente, sale y borra la C inicial, queda TANY, vuelve a leer y decide borrar la Y final, queda TAN
(Prof) — No, la NY va junta, no se puede borrar una sí y la otra no. Es una sola letra [ny=ñ].
(Dani) — La C tampoco se puede borrar: CAS-CAS, hay una CA
(Prof) —Bien, ¿y qué hacemos?
(Dani, escribe la C inicial, queda CTANY y lee) — CAS (C) - TA (T) - ÑA (A) ¡No!, ésta A no va aquí, va después de la de Carmelo (la C), porque se oye CA, CA y no está!
De modo que CTANY, queda CATNY.
Finalmente, todos aceptan este resultado y la profesora propone otra actividad.

Observad que en este grupo aparece un alumno silencioso (Alberto) que, no obstante, sabe cuál es la letra NY. Es de suponer que sigue la discusión. Todo el grupo parte de una hipótesis silábica (una letra por sílaba o unidad de sonido), pero, sin embargo, son capaces de hacer (o reconocer en otros casos) un análisis fonético más fino: «oyen» no sólo las vocales, sino también las consonantes. Ahí se produce una situación de problema, de conflicto cognitivo: la hipótesis dominante es silábica, sin embargo, se oyen más letras, ¿qué hacer? En este punto se produce un forcejeo, una discusión viva, en la que se barajan —y discuten— diversas opciones en un intento de reconciliación.

El profesor no aporta la respuesta correcta. En lugar de eso, formula preguntas, anima la participación de todos y les deja que se peleen con el problema. Podrá sorprender que, al final, acepte el consenso en torno de una solución que no es completamente correcta (CATNY en lugar de CASTANYA). Simplemente, ha considerado que ya se ha dado un paso importante: aceptar que al escribir una palabra se necesitan más letras que sílabas: ya habrá otras ocasiones para seguir avanzando. No obstante, introduce una información importante y al alcance de los niños: el dígrafo NY es una unidad, no se puede recortar.

La discusión es interactiva: entre los niños, con el profesor, con lo escrito en la pizarra, con los procedimientos de análisis fonético... En esa discusión, se produce pensamiento, reflexión y aprendizaje compartido. De eso se trata.

Capítulo 10

La tarea del profesor: enseñar a escribir y a leer

EL PROFESOR EN UN ENFOQUE CONSTRUCTIVISTA...

Los niños no aprenden espontáneamente, ni por sí mismos. Aprenden reflexivamente porque *alguien* les pone en situación de pensar.

El profesor, por tanto, es el protagonista activo del aprendizaje de sus alumnos. En primer lugar, es quien decide qué es lo que hay que enseñar, los contenidos, los materiales, la organización del aula, la organización del trabajo y de la actividad, la evaluación, etc.

El oficio de profesor requiere, para dominarlo, mucho conocimiento. Una gran cantidad de ideas, una gran habilidad en los procedimientos y estrategias de enseñar y lidiar con los alumnos y unas excelentes actitudes, valores, hábitos y condiciones personales para la enseñanza. Así es el conocimiento de verdad: saber, saber hacer, ser. Ya sabemos que no tienen sentido preguntas tales como ¿arte u oficio? ¿vocación o profesión? ¿teoría o práctica? ¿carisma personal o trucos psicopedagógicos? Las preguntas de alternativa entre dos polos, acaban resolviéndose al reconocer que ambos términos aportan elementos fundamentales. Teoría, experiencia, arte, tecnología, valores y actitudes... todos son ingredientes necesarios que, en cada cual, se combinan de distintos modos. Si alguno de los ingredientes está por debajo de un umbral mínimo, el resultado pierde sabor.

Una concepción moderna de la tarea del profesor, tal como se plantea en las nuevas propuestas educativas, requiere no sólo aplicar unas fórmulas pre-cocinadas, sino el ejercicio profesional competente, que incluye autonomía, capacidad de decisión y creatividad. Los Materiales que tenéis entre manos aportan ideas, experiencias, pero no recetas. Son Materiales para gente audaz y aventurera.

Para que los alumnos aprendan reflexivamente, el profesor...

- Tiene claro qué es lo que deben aprender: decide y organiza los contenidos.
- Decide y organiza actividades con sentido, que permitan la reflexión, abiertas, que puedan ser abordadas por todos los alumnos, pese a su diversidad, ya que admiten respuestas personales diversas...
- Les ofrece los materiales —físicos y mentales— que necesitan para resolver con éxito un problema.
- Les ofrece la ayuda que necesitan: ni más ni meno.
- Comprende su pensamiento y parte de él para avanzar.
- Les estimula, les apoya, les da confianza en sí mismos, valora con justicia su esfuerzo, les pide el mayor esfuerzo... posible.

...Sabe mucho y aprende más

El profesor debe saber mucho y estar al día, acerca de los temas de su oficio: qué es aprender, qué es enseñar, qué es el lenguaje escrito, qué es escribir y leer, etc.

A veces oyes expresiones como «en la enseñanza todo está inventado; el constructivismo es la moda actual, como antes lo fueron el conductismo, la escuela activa, la matemática moderna, la psicomotricidad, etc.» Este tipo de pensamiento popular encierra una parte de verdad y mucha trampa. Lo verdadero es que, efectivamente, en cada época surgen nuevos modelos de explicación y aplicación escolar de nuevas teorías científicas. Afortunadamente, es totalmente cierto que el constructivismo pasará y dará paso a nuevas teorías que abrirán nuevos caminos. La trampa está en pretender que eso justifica una actitud inmovilista y negarse a mejorar el propio ejercicio profesional.

Lo cierto es que el estudio del pensamiento infantil sigue sorprendiéndonos. Lo cierto, también, es que ahora sabemos muchas cosas (aunque insuficientes) acerca de los procesos de aprendizaje. Lo cierto, también, es que la comprensión y el análisis del lenguaje se va enriqueciendo y transformando, cada vez aparece como algo más complejo, y su estudio requiere múltiples perspectivas.

Es preciso saber mucho. Pero, por encima de todo, es preciso aprender mucho. Aprender de la teoría, pero también reflexionar, discutir, analizar lo que sucede cada día en el aula. Y experimentar, innovar. Seguir una moda es aplicar el conocimiento de otro, irreflexivamente. Lo importante es aprender a enseñar.

...Conoce a sus alumnos

Más allá del conocimiento de los niños de la clase, es importante conocer cómo se mueve cada uno de ellos, en su papel u oficio de alumno, de aprendiz. Qué ideas tiene, cuáles debe cambiar, qué procedimientos y estrategias utiliza para aprender, para escribir, para leer y cuáles debe aprender para avanzar. Qué valores y actitudes le mueven y cómo orientarlas de forma que le ayuden a desarrollarse. Es decir, cómo evaluar a sus alumnos de forma que se haga claro lo que hay que enseñarles a continuación. ¿Qué se debe evaluar inicialmente y en el proceso? ¿Cómo hacerlo?

...Organiza la clase, planifica las actividades

El profesor organiza la clase, no sólo para que los alumnos le escuchen a él, sino también para que él pueda escuchar lo que los alumnos aportan; para que los alumnos discutan entre sí y cooperen en la resolución de problemas; para que tengan mayor autonomía en su quehacer. Y para que aprovechen al máximo las posibilidades del material, de la actividad.

Organiza las actividades de modo que tengan pleno sentido para el niño. Procura que las pueda conectar en una red amplia de relaciones, entre la actividad concreta y el tema que les da sentido. Favorece la funcionalidad y la relación del lenguaje de la escuela con el mundo social: escribir a alguien, de una forma determinada, para conseguir un objetivo claro para el alumno. Favorece la interconexión de materias alrededor de núcleos temáticos complejos y atractivos.

...Evalúa y ofrece la ayuda necesaria

Además, el profesor que quiere trabajar constructivamente con sus alumnos, evalúa sus características y sus necesidades concretas. Se preocupa de escuchar lo que los alumnos aportan. Su pensamiento, sus ideas previas, sus hipótesis más o menos avanzadas. En cada situación concreta, considera lo que el niño es capaz de hacer por su cuenta y lo que es capaz de hacer con ayuda. Eso le permite decidir con seguridad qué le va a exigir y en qué va a ayudarle. A partir de los resultados obtenidos, decide el próximo paso, la próxima actividad y las formas concretas de organizarla.

Y también considera sus intereses, motivaciones, curiosidades, etc. Eso le lleva a negociar la programación (el currículum, si queréis), partiendo de sus objetivos educativos y de la realidad de sus alumnos concretos, y no de lo que otros han elaborado (aunque pueda utilizarlo, por supuesto).

De modo que no sólo evalúa a sus alumnos. También analiza la actividad propuesta, si ha tenido sentido claro para los alumnos, si les ha motivado, si les ha estimulado a pensar, si ha permitido interacción y contraste, si se ha ajustado a las necesidades concretas de los alumnos, si ha respondido a los objetivos y contenidos previstos. Y actúa en consecuencia.

...Trabaja en equipo

Una persona sola puede aprender. Pero se aprende mejor en grupo, es más rentable. Un profesor aislado puede innovar, pero los límites son más estrechos y el esfuerzo mucho mayor para un rendimiento menor. En la escuela, todo es grupal: los alumnos en las aulas; los profesores en los ciclos, departamentos y claustros. Trabajar en grupo es una condición. Y no es fácil. Pero el aprendizaje compartido, el trabajo cooperativo, resultan más eficientes para asegurar mayor calidad y mayor solidez en los resultados. La carga de mejorar la enseñanza requiere muchos hombros arrimados.

Este decálogo de buenos propósitos, o modelo de buen comportamiento constructivista, necesita, ya mismo, un ejemplo —ahí viene, enseguida— y un desarrollo concreto con instrumentos aplicables para avanzar: los siguientes volúmenes. ¡Sólo se trataba del aperitivo!

EL PROFESOR EN ACCIÓN

Vamos a describir una situación concreta, cotidiana, y a mostrar y comentar un tipo de actuación del profesor. La actividad que comentamos consiste en escribir la palabra «LOCOMOTORA», en una clase con alumnos de 4 o 5 años.

Locomotora no es una palabra previamente «trabajada» en clase: es la primera vez que se plantea. Algunos la habrán visto o la reconocerán, pero eso no importa, porque no se trata de recordar, sino de pensar. Esta tarea requiere:

1. Formular hipótesis: esto debe ser... así: hay que escribir una letra por cada sílaba... y las letras que se oyen (hipótesis silábico-alfabética, por ejemplo).
2. Aplicar la teoría a la realidad: ¿dónde dirá «locomotora»...? para escribir «locomotora» he de poner letras, ¿cuántas? a ver... lo-co-mo-to-ra (por ejemplo), son cinco letras, que serán... vamos a ver, lo-lo-loooo, ¡la [O]!... co-co-co-c-c-c ¡la [C]!.... LO-COOO.... LA [O]....
3. Discutir los resultados:

PROFESOR: «A ver... bien, ¿qué querías escribir? ¿Locomotora?, Bien, has puesto OCOMOR, yo leo OCOMOR

ALUMNO: «No, ahí dice LOCOMOTORA, mira, mira...»

PROFESOR: «Sí, ya veo, tú querías escribir LOCOMOTORA, pero vamos a leerlo juntos»

PROFESOR Y ALUMNO: «O..CO...MO...R»

PROFESOR: «¿Lo ves? no dice exactamente LOCOMOTORA. Lo has escrito bien, pero vamos a mejorarlo haciéndolo juntos. ¿A ver cómo empieza?

ALUMNO: «LO...»

PROFESOR: «Muy bien, ¿qué letras oyes?»
ALUMNO: «LO-LO-L-L-L-O-O-O; la [L] y la [O]
PROFESOR: «Muy bien, ¿lo ves?, habías olvidado la [L]
ALUMNO: «¿Cómo se escribe la [L]?»
PROFESOR: «Piénsalo, ¿dónde la puedes encontrar?
ALUMNO: «Ah!, ya sé, es la de Laura»

Este es un diálogo típico entre profesor y alumno, enfrentados al problema de aprender a escribir «LOCOMOTORA». En nuestras clases estas situaciones se repiten diariamente varias veces. Sólo que, a veces, son los propios niños quienes discuten:

UN ALUMNO: LO-LO-LOOOO.... la [O]. (Escribe [O])
OTRO ALUMNO: ¡Anda ya! ¿No ves que tiene la [L]: L-L-L-LO..?
(Se escribe «LO»)
UN ALUMNO: (Señalando primero la [L] y luego la [O]): LO-CO ....MOOOOO..... ahora, otra [O]
OTRO ALUMNO: No, aquí dice «LO», ahora no viene MO, viene CO: LO-**CO**-MO-TO-RA, la que viene es la [CO]
UN ALUMNO: ¡Que no!, (Señala la [L]) ésta es la [LO] y ésta (señala la [O]) es la [CO]
OTRO ALUMNO: ¡No!, ésta es la [L] y ésta es la [O]: ¡LO!

Y así hasta alcanzar un acuerdo.

LO QUE HACE EL PROFESOR

En estas situaciones de debate y discusión acerca de la tarea, ¿qué hace el profesor?

▶ 1º Propone una tarea estimulante, más bien «difícil»

Escribir LOCOMOTORA, a los (3), 4 ó 5 años ya es algo interesante. Además, no es un capricho del profesor para poner a prueba a sus alumnos, sino que se trata de una necesidad: por ejemplo, se están trabajando medios de transporte; se ha ido a viajar en tren o a ver una estación; se hace un Proyecto escolar sobre la Estación de Tren o Metro, en el que, entre otras cosas, hay que aprender la palabra Locomotora, porque se ha comprobado que hay varias clases de locomotora que interesa clasificar y definir... Es decir, el maestro no está aplicando un ejercicio para ocupar a sus alumnos, sino que ha diseñado una situación de aprendizaje, que da sentido al hecho de tener que escribir la palabra en cuestión.

▶ 2º Evalúa las posibilidades de aprendizaje

El niño, al escribir [OCOMOR], ha dado de sí todo lo que puede hacer solo. Si fuera capaz de escribir, él solo, alfabéticamente, el maestro no le aceptaría [OCOMOR] y le pediría que la escriba completa, «porque ya sabe hacerlo mejor». Si ésta fuera la primera vez que escribiera más letras que sílabas, por ejemplo, le felicitaría efusivamente, demostrándole que efectivamente, la [C] y la [M] también están en la palabra LOCOMOTORA.

Es decir, el maestro acepta el trabajo realizado, sólo cuando está seguro que es el mejor resultado que el niño puede obtener sin ayuda. En este sentido, puede decirle que «Está muy bien», aunque no esté perfectamente escrito según la óptica adulta. O puede decir, como en el caso que usamos como ejemplo, que «está bien, pero lo puede mejorar con ayuda».

▶ 3º Plantea problemas, estimula la reflexión

Para ayudar al niño a avanzar en sus recursos y en sus ideas para la escritura, el maestro no le riñe ni le da simplemente información. Podría decir «Tienes que añadir la [L], la [T] y una [O]» o bien, escribirlas él sobre la palabra del niño. Pero eso no serviría al niño para aprender. ¿Qué es lo que hace? Enfrenta al niño con la realidad: lo que ha escrito se lee [OCOMOR], lo que, con sorpresa, el niño tiene que aceptar, puesto que lo comprueba por sí mismo.

A esta situación podemos definirla como situación de conflicto cognitivo. Es decir, el pensamiento del niño se pone en cuestión al contrastarlo con la realidad. El niño creía que ahí decía LOCOMOTORA, pero, sin embargo, algo falla, porque ahí, lo que dice en realidad es OCOMOR. El niño puede comprender, en este momento, que existe un problema, que su razonamiento debe revisarse. Seguramente, una vez no será suficiente, pero al cabo de un tiempo, este tipo de situaciones de conflicto, le llevan a revisar sus hipótesis y, en este caso concreto, pronto descubrirá que no basta una letra por sílaba, que hay que poner todas las letras que se oyen al analizar fonéticamente la palabra, es decir, aplicar el procedimiento que corresponde a su capacidad de análisis fonético. En cualquier caso, la ayuda que le está dando el profesor, es, con toda seguridad, útil para estimular el pensamiento del niño.

▶ 4º Decide la ayuda necesaria

Una vez enfrentado al conflicto, el profesor no abandona al niño, puesto que sabe que, sin ayuda, difícilmente resolverá el problema. ¿Qué tipo de ayuda? La que corresponde a la dificultad del niño. En este caso, afinar la capacidad de análisis fonema-por-fonema de la palabra. Con la ayuda del profesor (a lo mejor sólo con su presencia estimulante, sin más), el niño consigue hacer bien el análisis y descubrir que falta la [L].

Cuando el niño pregunta: «¿Cómo se escribe la [L]?», el profesor, en este caso, no le da una respuesta directa: no es necesario y, en cambio, es importante que el niño aprenda a utilizar, por sí mismo, los recursos que tiene al alcance, para averiguar cómo se escribe una letra que aún no se ha automatizado. De hecho, encuentra fácilmente la solución. En otra situación, quizás hubiera sido preferible darle la respuesta directa «Se escribe así», con objeto de no distraer al niño de lo que, ahora, es fundamental: analizar correctamente la palabra desde el punto de vista fonético.

En la situación de discusión entre dos niños, las cosas suceden de forma diferente: se enfrentan dos pensamientos heterogéneos en condiciones de horizontalidad: la relación entre dos compañeros no atribuye «autoridad» a ninguno de ellos, a menos que intervengan otros factores (el otro es el más listo, o es el líder, o es el más fuerte...). El pensamiento silábico de uno obliga, al alfabético, a detallar y pormenorizar su pensamiento alfabético. Debe demostrarle que hay que escribir una letra que el otro no parece necesitar para nada. Por eso acude a modelar despacio el análisis fonético, más preciso, que él hace de la sílaba.

El proceso es diferente, pero el resultado final puede ser el mismo: uno puede modificar su hipótesis silábica inicial al entrar en conflicto con el modelo del otro.

Por su parte, el alumno más avanzado también aprende: argumenta, analiza, concentra su atención, está más vigilante y activo que si trabajara solo: probablemente, el resultado final sea mejor. En cualquier caso, aprende algo fundamental: a verbalizar su procedimiento, a explicar lo que hace al escribir: eso tiene que ver con lo que llamamos metacognición: saber que se sabe hacer algo.

Es sólo un ejemplo.

¿IMPOSIBLE? ¡QUÉ VA...!

Así, de golpe, parece muy difícil... o demasiado fácil.

Se puede trabajar, de la forma que proponemos, con pocos alumnos... o con muchos. Se puede hacer, perfectamente, en una clase con treinta y tantos alumnos, con los consiguientes alumnos «difíciles». Lo estamos aplicando en escuelas rurales y urbanas, de suburbio y céntricas, escuelas especiales y normales, costeras o del interior.

¿Falta tiempo? Sí, por supuesto, para todo falta tiempo. Pero no más en esta propuesta que en otra cualquiera. Hay que personalizar más la enseñanza, pero no es preciso debatir cada día media hora con cada niño. Hoy profundizamos con unos, mañana con otros. Nos apoyamos en la autonomía de los niños: deben aprender a trabajar por su cuenta, solos o en grupo, mientras nosotros estamos con otros niños. Nos apoyamos en la ayuda que se ofrecen entre sí al discutir. Nos apoyamos en la motivación que tienen para trabajar reflexivamente: hay que vivirlo para creerlo.

¿Una organización especial del aula? Sí. Una organización flexible y abierta, que facilite la interacción y el trabajo cooperativo. Que permita al profesor seguir de cerca el trabajo de sus alumnos, de algunos, al menos. Para ello, utilizamos todos los recursos disponibles. Por ejemplo, duplicar el profesorado con la ayuda del maestro de apoyo en el aula ordinaria. Por ejemplo, desdoblar el grupo con el paralelo, a la hora de hacer gimnasia, música, etc. Así trabajamos, a ratos, con la mitad de los alumnos (sin seleccionar ni discriminarles por ningún motivo especial) y podemos avanzar más. Hay otros trucos.

¿Acuerdo con los otros profesores del ciclo? Sí, sin duda, aunque nada nos impide investigar, probar, tantear, descubrir lo que pasa en la mente del niño. Sin embargo, es cierto que hay decisiones que deben ser compartidas colectivamente.

¿Sin libros de texto? ¡Qué va...! Con muchos libros, y cuentos, y periódicos, y revistas, y folletos y catálogos comerciales... y de todo!

¿Sin ayudas exteriores? Bueno, sí. Es mucho mejor si puedes compartir la experiencia, analizarla, corregirla y mejorarla, con ayuda de otros profesores, de psicopedagogos, de asesores curriculares, de libros, de revistas profesionales. Los profesores necesitamos, también, leer y escribir, reflexionar, discutir, plantearnos conflictos y que alguien nos dé un empujón.